吉林大学哲学社会科学普及读物

GUIDE TO AIR VOLLEYBALL
SPORTS

气排球运动指南

徐延龙　邢大伟　刘贵波
　　　　　　　主　编

戴　霓　李　斌　关朝晖　尹　君
　　　　　　　　　副主编

社会科学文献出版社
SOCIAL SCIENCES ACADEMIC PRESS (CHINA)

《气排球运动指南》
编委会

顾　问　王祥全

主　编　徐延龙　邢大伟　刘贵波

副主编　戴　霓　李　斌　关朝晖　尹　君

委　员　于是未　王　楠　王红宇　王明辉　王海波
　　　　刘广君　李　洋　李成国　李洪双　李健民
　　　　李鹏举　吴维宏　邹　然　张　利　郑成爱
　　　　胡大威　姬忠平　黄世宇　董新秋

目 录

第一章 气排球运动概述·001
第一节 气排球运动的起源与发展·001
第二节 气排球运动的简介、特点与价值·005

第二章 气排球运动保护·015
第一节 气排球运动的基本常识·015
第二节 气排球运动前的准备·016
第三节 气排球运动后的放松与恢复·031
第四节 气排球运动损伤的预防·040

第三章 气排球运动场地、器材、装备·042
第一节 气排球运动场地·042
第二节 气排球运动器材·044
第三节 气排球运动装备·047

第四章　气排球运动基本技术·049

第一节　气排球运动准备姿势与移动·049

第二节　气排球运动接球技术·064

第三节　气排球运动传球技术·081

第四节　气排球运动发球技术·090

第五节　气排球运动扣球技术·102

第六节　气排球运动拦网技术·110

第五章　气排球运动基础战术·117

第一节　气排球运动五人制战术·118

第二节　气排球运动四人制战术·133

第三节　气排球运动个人战术·141

第六章　气排球竞赛组织与编排工作·149

第一节　气排球竞赛组织工作·149

第二节　气排球竞赛编排工作·153

第七章　气排球竞赛规则与裁判法·166

第一节　气排球竞赛规则的发展·166

第二节　气排球主要竞赛规则与裁判方法·169

第三节　气排球裁判员的主要工作职责
　　　　和临场分工与配合·205

第一章　气排球运动概述

第一节　气排球运动的起源与发展

气排球运动起源于 20 世纪 80 年代，是我国土生土长的一项新型的群众性排球活动。

气排球运动的诞生，应归功于中国铁路员工。他们在休闲时，吹软塑料气球；用嘴吹、手拍、头顶、肩扛，在线上或网上飘来飘去，两人、三人、四人、五人不等，分两边对推对打，十分有趣，场上充满欢笑声。铁路员工从这项娱乐中受到启发，认为这项活动很好，既经济又方便，还能强身健体。

1984 年，呼和浩特铁路局集宁分局为了开展老年人体育活动，在没有规则限制的情况下，组织离退休职工用气球在排球场上打着玩儿。由于气球过轻且易爆，他们将两个气球套在一起打，最后又改用儿童软塑料球。参照 6 人排球简单的比赛规则，并将这种活动形式取名为"气排球"。

1989年9月，呼和浩特铁路局举行第四届老年人运动会。中国老年人体育协会（以下简称中国老体协）常务副主席、中国火车头体育协会（以下简称中国火车头体协）副主席韩统武等同志发现老年人气排球运动这种活动形式好，有利于老年人锻炼身体，抗老防衰，延年益寿，能活跃老年人的文体生活，故提倡发展该项运动。

1991年，在北京举行的全国铁路老年体育工作会议决定在铁路系统老年人中推广气排球。气排球"球"的特点使该运动的技巧性降低，球的飞行速度减慢，来回球次数增多，击球方式增多，初学者对球的恐惧感消失，大大提高了比赛的趣味性和观赏性。1991年10月，中国火车头体协依据排球规则，编写了第一本《气排球竞赛规则》。

1992年4月，中国老体协秘书长工作会在北京建筑总公司机关召开，大会期间又就近请了石家庄铁路分局老年人气排球队来北京表演，与会者认为这项运动很好，从此开始将其由铁路系统推向全国。与此同时，中国火车头体协组织有关人员进行研究：对球、场地和网做了一些改进，并进一步调整制定一些简单易记、可行的竞赛规则来推动这项运动的发展。随后，中国火车头体协又通过上海铁路局在上海联系厂家制作气排球，这种球比竞技排球大，又比小孩玩的气排球重，还耐磨，通过实践检验，式样、质量、重量、弹性、飘浮速度都比较合理实用。

1992年后，全国铁路系统陆续组织开展了气排球运动，研究制定了竞赛规则、裁判方法、运动技术战术和训练方法，并相应地组织了充满乐趣的各种气排球比赛，促进了这项运动的普及与发展。为了搞好气排球的生产、供应和管理，于1996年11月3日向国家专利局申请注册商标和专利，国家专利局于1997年3月16日、6月7日分别批准授予"外观设计专利证书"和"实用新型专利证书"，商标为"老火车头牌"的黄色气排球，按国家专利进行批量生产，供应全国。

在全国气排球运动发展过程中，铁道部、中国体协、中国铁路体协一直走在前列，充当旗手和排头兵。为了适应形势发展需要，1993年3月4日，在北京铁路十四局召开了全国铁路系统气排球会议，成立了"中国火车头老年人气排球协会"，选举产生了名誉主席、顾问、主席、副主席、秘书长、常务委员、委员等，并成立了常务工作班子、技术指导组、经营组、宣传培训组。从此，中国铁路系统的气排球运动有组织、有计划、有领导地开展活动，气排球运动从而上了一个新台阶。

为总结工作，互通情况，交流经验，部署任务，中国火车头体协分别于1993年3月在北京、1994年3月在天津、1995年3月在西安、1996年4月在成都、1997年3月在上海、1998年3月和1999年6月在北京以及以后每年均召开了年会，加强了对气排球运动发展的领导。光练不赛，走向衰败；边练边赛，青春常在。为了更好地推动气排球运动发展，中国火车头体协还分别于1992年11月在武汉，1993年7月在齐齐哈尔、锦州，1994年10月在济南、蚌埠，1995年8月、10月在兰州，1996年10月在重庆、成都，1997年9月在大同、呼和浩特，1998年9月、11月在柳州、株洲……以及2005年在南昌，举行全国性的业余气排球比赛。在中国火车头体协的推动下，中国老体协于2004年10月在浙江省丽水举行了第一次全国老年气排球比赛。2005年10月，在福建莆田举行了第二次全国老年气排球比赛。2006年10月，在北京举行了第三次全国老年气排球比赛。

在福建，气排球运动也同样得到了很好的推广，在参与人数规模快速扩展的同时，竞技水平也得到很大的提高。到2005年时，全省已拥有3000多支气排球运动队，数万名爱好者，有气排球场（馆）867所。闽南地区的气排球运动也呈"燎原"之势，赛事不断，成绩显著。特别是厦门市，气排球运动的开展，进一步推动了海峡两岸及港、澳地区体育文化的交流和发展。2006年4月25日，"海峡巾帼健身大赛"在厦门举行，来自福建、台湾、香港和澳门地区的女子气排球队参加了为期 4 天的健身比赛，此项赛事拉开了气排球运动向台、港、澳地区快速发展的序幕，也掀起了一股气排球热。福建省为进一步贯彻落实《全民健身计划纲要》，推动全省气排球运动的发展，于 2007 年 1 月，由福建省排球协会牵头举办了福建省首届气排球公开赛，参赛对象以中年人为主，男 40~60 岁，女 35~55 岁，这进一步将气排球运动向中青年推进普及。

为了更好地贯彻党的体育路线、方针和《体育法》《全民健身计划纲要》《老年人权益保障法》，各地体育局、铁路局和老体协纷纷将气排球运动列入全民健身重点发展项目，并计划列入高等院校、中学的竞赛项目和教学内容。

气排球运动是一项集运动、休闲、健身、娱乐于一体的群众性体育项目，作为一项新的体育运动项目，尤其适合中老年人健身和青少年群体活动的需要。2017 年，气排球已成为天津全运会 19 个群众体育比赛项目之一。

第二节 气排球运动的简介、特点与价值

一 气排球运动简介

气排球运动是排球运动的一个衍生项目，参与者以

身体任何部位（手、手臂为主）击球，使球不落地，既可隔网进行集体的攻防对抗性比赛，也可不设球网进行相互击球的游戏。气排球运动的各方面特性如下。

（一）气排球球体大

气排球圆周长为72~78厘米（排球、沙滩排球、软式排球均为65~67厘米），手接触球部位较大，易控制球，易发力。

（二）气排球球量轻

气排球重量为120~140克（软式排球为170~190克，排球、沙滩排球均为260~280克），不用大力击球，易起球。

（三）气排球球压小

气排球气压为每平方厘米0.15~0.18千克（沙滩排球为每平方厘米0.175~0.225千克，排球为每平方厘米0.30~0.325千克），手感好，易熟悉球性。

（四）气排球球质软

气排球用软塑料制成（软式排球内裹海绵，沙滩排球、排球外层为皮革或人造革），人接触时没有疼痛感，不伤手指，解除"怕痛"心理。

（五）气排球球性好

气排球球体弹性足，软中有刚，易传高球（软式排球弹性松软，需借力；排球使手指承力大，有疼痛感，易受伤)。

(六)气排球球速慢

气排球飞行时飘行幅度较大、滞留时间长,球落地较慢,人们易移动击球(排球球速快,软式排球沉重,下落快)。

(七)气排球球场小

气排球球场一般长12米,宽6米(沙滩排球为16米×8米;软式排球A制为18米×8米,B制为18米×9米;排球为18米×9米),人们在传球、扣球或防守时,不需大范围助跑和移动;为避免出界也不需要大力发球、扣球。场地还可套用羽毛球场地(长13.4米,宽6.10米)。

(八)气排球运动上手易

气排球运动上手技术要求不高,规则简单易行,一学就会,对于没有排球技术基础的各个年龄段初学者,尤其是中老年和小学生而言,不会有太大的难度。

总之,气排球运动难度不大,对上手技术要求不高,不伤手指,安全性较高。比赛中来回球次数较多,既提高了活动的兴趣性、欢快性和激烈性,又保证了一定的运动量;既可提高参与者的体力,又能保持和提高身体的灵活性,适合不同年龄阶段人群的参与。

二　气排球运动的比赛方法

（一）比赛的组别

按照"超级杯"赛的规定，气排球运动赛事一般分为四个组别：60周岁以上的为老年组，45~59岁的为中年组，24~44岁的为青年组，各高校具有学籍的在校全日制学生为大学生组。在各类基层比赛中，一般会根据赛事组织针对的人群进行年龄组别的设定。如一些邀请赛会设立中老年组和青年组，中老年组男子为50~65周岁，女子为45~60周岁；青年组男子为35~49周岁，女子为30~44岁。

（二）比赛的特殊规则

1. 比赛人数

青年（大学生）组比赛为4人制，中年组、老年组比赛为5人制。

2. 比赛网高

中青年（大学生）男子组比赛网高2.1米，中青年（大学生）女子组网高1.9米；老年男子组网高2.0米，老年女子组网高1.8米。

（三）比赛方法

气排球运动的比赛方法是多种多样的。基本方法是由两支人数相等的球队在被球网隔开的两块均等的场区内站成前后两排，根据规则以身体任何部位将球从网上击入对方场区。比赛开始时，由后排 1 号位队员在发球区发球过网后，每方最多击球 3 次（拦网除外）使球过网，不能"持球"或"连击"，必须在两米线后扣球过网，在前场区进行进攻性击球或击球过网时球必须有明显向上的弧度。比赛应不间断地进行，直至球落地、出界或某队犯规。发球队获得发球权或获得一分后，必须按顺时针方向轮转一个位置，由轮转到 1 号位的队员发球。比赛采用每球得分制和三局两胜制。

三　气排球运动的特点

（一）具有广泛的群众性

气排球运动不受场地、设备限制，不受年龄、性别、体质和技能的约束，比赛规则尺度宽。参赛人数、场地、设备可根据实际情况自行确定。既可在球场上比赛、训练，也可在一般空地上活动；运动量可大可小，适合不同群体的人。

（二）具有较强的趣味性

气排球重量轻、质地软、气压小、飞行慢，手感舒适、不伤人，易掌握、失误少。在比赛中往往要经过七八个回合的交锋。水平越高的比赛，对抗争夺越激烈。

(三)高度的技巧性

规则规定,比赛中球不能落地,不得连击。击球时间短暂,击球技术多变,捧、推、托、踢皆可。

(四)技术全面性

在气排球比赛中,由于有位置轮转,每名队员都要参与进攻和防守,要求队员必须全面掌握各项攻防技术。比赛中每项技术既可得分,也有失分的可能,规则对队员击球次数、击球时间、球不能落地都有严格的规定,决定了气排球技术的运用应具备高度的技巧性。

(五)教学的规范性

气排球由于球轻、软,击球的手形和用力稍有不规范,球便失去控制。所以,击球练习过程中必须严格按动作要领做,以便提高击球的稳定性和准确性。

(六)严密的集体性

气排球比赛是集体项目,除发球外,都是在集体配合中进行的,各队员要相互协调、配合默契,充分发挥集体的力量。

四 气排球运动的价值

(一)健身价值

气排球运动是简而易行的一种身心锻炼活动。经常参加气排球运动,对改善人的身体状况、提高身体素质、发展人体基本活动能力和提高对各种自然环境的适应能力均大有裨益。少年儿童正处于长身体的关键时期，养成正确的走、跑、跳、投等基本活动能力，有利于身体的生长发育。气排球运动中有大量适合少年儿童开展的形式和内容，对于少年儿童身心健康有特殊的锻炼价值，是少年儿童体育活动的重要内容和手段。青年人的身体在形态发育上已趋于完成，是提高身体素质的大好时期。然而素质练习内容单调枯燥，很难引起他们的兴趣，而气排球运动则可使单调枯燥的训练内容变得趣味无穷，对提高青年人的各种素质起着重要的作用。中年时期，机体平衡逐步向分化代谢多于合成代谢的方向发展。经常参加气排球运动，有利于机体新陈代谢平衡，防止疾病的发生，也有利于病后身体的康复。中年人往往工作紧张，家庭负担沉重，是人一生中的"负重期"。气排球运动量可大可小，时间可长可短，运动方式多种多样，可以达到身心"减负"的功效，是中年人参加体育锻炼的最好选择之一。对于老年人来说，由于气排球质地软，动作难度小、伤害少，通过传球、垫球、脚步移动等基本活动，可保持头脑清醒敏锐和手脚灵活。因此，中老年人可以适当选择参加一些运动量小的气排球运动等，以调节精神、活动筋骨，达到增强体质、延年益寿的效果。

（二）娱乐价值

随着社会生产力的发展，人类社会进入信息化时代，余暇时间增多，人们对文化娱乐的需求日益增大。善度余暇，成为一个社会生活问题。丰富多彩、健康文明的余暇生活，不仅使人们在紧张的工作之余得到积极的休息，还可以陶冶情操，娱乐身心，培养高尚的品格。气排球运动趣味性高、娱乐性强、简单易行、老少皆宜，能使参与者轻松、欢快。人们可通过气排球比赛在比赛的对抗中斗智、斗勇，在与队友的默契配合中、在战胜自我中得到美妙的快感和心理满足。它使人产生自信、自尊，满足人们交往、合作的需要，使过剩的精力得到释放，使高强度工作带来的紧张和压抑得到消除。在余暇，开展家庭气排球活动，对提高家庭成员间的亲和力、凝聚力及稳定性具有社会学意义。气排球运动的不同形式和特点，使人们在活动中有不同的情绪体验，使人的心理情绪得到调节，生活质量得到提高。

（三）社会价值

1. 推动全民健身活动深入、广泛的开展

气排球运动老少皆宜的特色决定了气排球活动参与的人口基数非常大，从学校到工厂、从操场到绿地、从家庭到社区。气排球运动的普及，将使全国出现全民玩气排球的热烈壮观的景象，这无疑将大大促进全民族身

体素质的提高，利国利民。

2. 促进学校素质教育的深入开展

实施素质教育、深化学校体育改革是当前学校体育教学面临的重大课题。气排球运动在学校的推广应用已成为学校体育教学改革的一个重要内容，它增加了学校体育教学的内容，促进了练习者身体素质的提高，对建立我国现代化体育教学体系将产生积极的影响，从而推动和促进素质教育的进一步深化。

（四）提高人的信息反应、传递和应变能力

作为排球运动大家庭的一员，气排球运动也是一项依靠判断的运动，准确的判断是比赛制胜的重要因素之一。判断的基础是"眼观六路""耳听八方"，通过观察对方及队友的动作，以及击球的速度和方向、场上的布局，来预测将发生的情况，迅速应变，做出决策。气排球是一项集体运动，要求场上的每一个人都要不断观察队友的意图，默契配合，及时应变，在规则范围内做出合理动作。所以，经常参加气排球运动，在强身健体、愉悦身心的同时，还能有效提高人的观察、分析和应变能力。

（五）促进个体心理健康发展

现代社会的发展，使得社会成员之间的竞争加剧，工作强度大，造成精神负担重，人际关系也发生了很大变化。因此，现代社会要求社会成员具有良好的心理品质，以适应高强度的社会生活。参加气排球运动，能学到很多控制自己情绪和调节自身心理的手段和方法。在气排球比赛中，比赛情况瞬息万变，自身失误、裁判员漏判或误判等各种情况都有可能发生。失误时，要使自己尽快冷静，积极应对，不灰心、不气馁；在比赛的关键时刻，要让自己充满自信，进攻不手软；当裁判员判罚对己方不利时，要做到不急、不躁、不指责。这些都有利于增强人的心理承受力、环境适应力和处事调节力，帮助提升心理素质。总之，参加气排球运动能提高人们的速度、耐力、力量、灵敏、柔韧等各方面的身体素质和能力，改善身体各器官、系统的机能状态，还能培养机智、果断、沉着、冷静等良好心理素质，通过比赛和训练还可以培养团结协作的团队精神，也可以锻炼胜不骄、败不馁，奋发向上的精神。

第二章　气排球运动保护

"生命在于运动",但是盲目、不科学的运动非但不能起到强身健体的作用,反而会给身体带来一定的伤害。只有掌握体育锻炼的一般性生理卫生知识,科学地进行体育锻炼,才能起到强身健体、防病治病的作用。

第一节　气排球运动的基本常识

人们在进行气排球运动时,除了应进行一般性的身体检查和必要的咨询外,还要注意培养运动兴趣和把握适当的运动强度。

一　培养运动兴趣

从事气排球运动,首先应该以兴趣为出发点,而培养对气排球运动的兴趣有很多方法,比如观看气排球比赛,与同学、朋友共同参加气排球运动等。有了浓厚的兴趣,就能自觉地投入到气排球运动中,进而得到理想的体育锻炼效果。

二 把握运动强度

鼓励人们进行气排球运动，主要目的是通过参加此项运动增强体质，提高健康水平，并不是为了创造运动成绩，所以运动强度不宜过大。控制运动强度最简单的办法是测定运动时的脉搏。一般对青少年来说，运动时的脉搏控制在每分钟 140 次左右较为合适；对成年人来说，运动时的脉搏控制在每分钟 150 次左右较为合适。

如果运动强度较小，运动时间则要相对延长，每天活动时间以半小时以上为宜。对于刚参加气排球运动的人来说，一开始活动的时间宜短不宜长，随着身体功能的适应，运动时间可以逐渐延长。

第二节 气排球运动前的准备

运动前进行充分的准备活动，对于运动者来说是非常重要的。一些气排球运动爱好者常常忽视运动前的准备活动，从而导致各种运动损伤，影响运动效果，也容易失去对气排球运动的兴趣，甚至造成对气排球运动的畏惧。因此，在进行气排球运动前，必须做好充分的准备活动。

一 准备活动的作用

运动前进行充分的准备活动能够对肌肉和内脏器官起到很大的保护作用,同时还可以提前调节运动时的心理状态。

(一)提高肌肉温度,预防运动损伤

运动前进行一定强度的准备活动,不仅可以使肌肉内的代谢过程加强,温度增高,黏滞性下降,提高肌肉的收缩和舒张速度,增强肌力,同时还可以增加肌肉、韧带的弹性和伸展性,避免或减少由于肌肉剧烈收缩而造成的运动损伤。

(二)提高内脏器官的功能水平

内脏器官的功能特点之一就是生理惰性较大,即当活动开始、肌肉发挥最大功能水平时,内脏器官并不能立刻进入最佳活动状态。在正式开始体育锻炼前进行适当的准备活动,可以在一定程度上预先动员内脏器官的功能,使内脏器官从运动一开始就达到较高水平。另外,进行适当的准备活动,还可以减轻开始运动时由内脏器官不适应造成的不适感。

(三)调节心理状态

体育锻炼不仅是身体活动,而且是心理活动。研究证明，心理活动在体育锻炼中起着非常重要的作用。体育锻炼前的准备活动，可以起到心理调节的作用，即接通各运动中枢间的神经联系，使大脑皮层处于最佳兴奋状态。

二 如何进行准备活动

一般来说，准备活动主要应考虑内容、时间和运动量等问题。内容上，准备活动可分为一般准备活动和专项准备活动。

一般准备活动主要是一些全身性的身体练习，如跑步、压腿、转体等。一般性准备活动的作用在于提高代谢水平和大脑皮层的兴奋状态，减少运动损伤的发生。专门性准备活动是指与所从事的体育锻炼内容相适应的动作练习。

下面介绍一套一般性准备活动操，供运动者使用。这套活动操主要包括：头部运动、肩部运动、上肢运动、下肢运动、全身及整理运动。

（一）头部运动

准备动作：双手胸前持球、双腿并拢。

1. 1×8 拍动作要领

1-2 拍：双手持球上举，抬头；同时，右脚向右侧迈出与肩同宽，重心在两腿中间（见图 2-1）。

3-4 拍：双手持球还原到胸前；同时，右腿向左腿并拢，还原至起始状态（见图 2-2）。

图 2-1　1-2 拍动作示范　　图 2-2　3-4 拍动作示范

5-6 拍：双手持球下举，低头；同时，左脚向左侧迈出与肩同宽，重心在两腿中间（见图 2-3）。

7-8 拍：双手持球还原到胸前；同时，左腿向右腿并拢，还原至起始状态（见图 2-4）。

图 2-3　5-6 拍动作示范　　图 2-4　7-8 拍动作示范

2. 2×8 拍动作要领

2-2 拍：两臂经前侧平举，右手持球，左手掌心向下，转头向右；同时，右脚向右侧迈出与肩同宽，重心在两腿中间（见图 2-5）。

3-4 拍：右手持球还原到胸前；同时，右腿向左腿并拢，还原至起始状态（见图 2-6）。

图 2-5　2-2 拍动作示范　　图 2-6　3-4 拍动作示范

5-8 拍：与 2-4 拍动作相同，方向相反（见图 2-7）。

图 2-7　5-8 拍动作示范

3. 3×8 拍、4×8 拍动作要领

3×8 拍、4×8 拍动作与 1×8 拍、2×8 拍动作相同。起始动作均为左侧开始。

(二)肩部运动

1. 1×8 拍动作要领

1-2 拍:屈膝半蹲;屈臂,双手胸前持球(见图 2-8)。

3-4 拍:直立双腿;双手持球上举,抬头(见图 2-9)。

图 2-8　1-2 拍动作示范　　图 2-9　3-4 拍动作示范

5-6 拍:双臂前后展开,左手持球在前,右手在后,眼随球动(见图 2-10)。

7-8 拍:还原(见图 2-11)。

图 2-10　5-6 拍动作示范　　图 2-11　7-8 拍动作示范

2. 2×8 拍动作要领

与 1×8 拍动作相同，方向相反。

3. 3×8 拍动作要领

3-4 拍：双腿并拢，膝关节弹动；右手持球，手臂前后交替摆动，跟随身体转向左右扭转头部（见图 2-12）。

图 2-12　3-4 拍动作示范

5-6 拍：头上交换球，从右手至左手（见图 2-13）。

图 2-13 5-6 拍动作示范

7-8 拍：双手还原至体侧，左手持球（见图 2-14）。

4. 4×8 拍动作要领

4×8 拍与 3×8 拍动作相同，方向相反。

（三）上肢运动

1. 1×8 拍动作要领

1-4 拍：右脚起动，原地踏步；双手在胸前转动球（见图 2-15）。

图 2-14 7-8 拍动作示范　　图 2-15 1-4 拍动作示范

5-6 拍：双手胸前持球，身体向右转；同时，右腿屈膝，右脚向右迈一步，与肩同宽（见图 2-16）。

7-8 拍：双手持球直臂上举；同时，双膝伸直，抬头看球（见图 2-17）。

图 2-16　5-6 拍动作示范　　图 2-17　7-8 拍动作示范

2.2 × 8 拍动作要领

2-4 拍：双手持球直臂，折叠髋关节前屈上体由右至左扭转上体，直立；重心移至左脚，双手还原至胸前持球（见图 2-18）。

图 2-18　2-4 拍动作示范

5-6拍：左手持球，身体向左转，双臂紧贴身体展开至水平，右臂在前，左臂在后；同时，重心移到左腿上（见图2-19）。

7-8拍：左手持球，双手落至身体两侧并贴住身体，上身回正；同时，右脚收回呈直立状态（见图2-20）。

图2-19　5-6拍动作示范　　图2-20　7-8拍动作示范

3. 3×8、4×8拍动作要领

3×8拍和4×8拍与1×8拍动作相同，方向相反。起始动作均为从左侧开始。

4. 5×8拍动作要领

5-2拍：右手持球，双臂经体侧平举；同时，右脚向右迈与肩同宽（见图2-21）。

3-4拍：两臂侧平举，右手持球，身体向右侧屈（见图2-22）。

图 2-21　5-2 拍动作示范　　图 2-22　3-4 拍动作示范

5-6 拍：上体还原，两臂侧平举（见图 2-23）。

7-8 拍：右脚收回，双臂还原至体侧（见图 2-24）。

图 2-23　5-6 拍动作示范　　图 2-24　7-8 拍动作示范

5. 6×8 拍动作要领

6×8 拍与 5×8 拍动作相同，方向相反。起始动作均为从左侧开始。

6. 7×8拍、8×8拍动作要领

7×8拍至8×8拍重复5×8拍至6×8拍动作。

(四)下肢运动

1. 1×8拍动作要领

1-4拍:右脚起动向右侧并步,两臂侧平举,右手持球(见图2-25)。

5-8拍:屈左膝,右脚向斜前方迈出,勾脚(限于制图难度较大,图中未显示。余同);双手持球,向右斜下方伸出,眼睛注视球(见图2-26)。

图2-25　1-4拍动作示范　　图2-26　5-8拍动作示范

2. 2×8拍动作要领

2-4拍:右脚起动后踢腿,双手胸前持球(见图2-27)。

图 2-27　2-4 拍动作示范

5-6 拍：双腿屈膝下蹲，双手胸前持球，低头（图 2-28）。

7-8 拍：双腿直立，提踵；双手持球上举，抬头，眼睛注视球（见图 2-29）。

图 2-28　5-6 拍动作示范　　图 2-29　7-8 拍动作示范

3. 3×8 拍动作要领

3×8 拍与 1×8 拍动作相同，方向相反。

4. 4×8 拍动作要领

4×8 拍与 2×8 拍动作相同，左脚起动。

（五）全身及整理运动

1. 1×8 拍动作要领

1-2 拍：屈左膝，右脚向斜前方迈出，勾脚；双手持球，向右斜下方伸出（见图 2-30）。

3-4 拍：还原（见图 2-31）。

图 2-30　1-2 拍动作示范　　图 2-31　3-4 拍动作示范

5-6 拍：右腿向斜前方弓步，前脚掌点地，右手持球，双臂斜上方展开（见图 2-32）。

7-8 拍：右脚蹬地还原（见图 2-33）。

图 2-32　5-6 拍动作示范　　图 2-33　7-8 拍动作示范

2. 2×8 拍动作要领

2×8 拍与 1×8 拍动作相同，方向相反。

3. 3×8 拍动作要领

3-2 拍：右脚横跨，右手持球，双臂经体侧上举至双手持球，抬头（见图 2-34）。

3-6 拍：双手直臂持球，直腿、折髋，俯身向下振动（见图 2-35）。

图 2-34　3-2 拍动作示范　　图 2-35　3-6 拍动作示范

7-8 拍：收右腿还原，双手胸前持球（见图 2-36）。

图 2-36　7-8 拍动作示范

4. 4×8 拍动作要领

4×8 拍与 3×8 拍动作相同，方向相反。

第三节　气排球运动后的放松与恢复

进行剧烈运动后，有些运动者存在不好的习惯，如静坐、躺下休息等。这样做的结果是不仅不能尽快消除疲劳，恢复身体的功能，反而会对身体产生不良影响。正确的方法是在运动后做一些整理放松的运动来消除疲劳。

一　运动后放松与恢复的重要性

与运动前的热身运动一样，运动后的整理、放松、恢复同样重要。运用正确的整理放松方法可以帮助骨骼肌疲劳恢复，减少运动损伤风险，从而延长运动寿命。如果经常性地忽略运动后的放松与恢复，或者放松恢复方法不得当，有可能会导致运动性疲劳，增加受伤概率。因此为了避免运动性疲劳和运动损伤，运动后放松与恢复是不可忽视的重要环节。

二 运动后放松与恢复的基本方法

（一）肌肉牵拉

肌肉牵拉对骨骼肌及韧带都有很好的作用，拉伸分为动态牵拉和静态牵拉。通常运动后采取静态牵拉方式进行放松，进行静态牵拉时要两侧对等地进行。静态牵拉又可分为主动静态牵拉和被动静态牵拉。静态牵拉对运动后的肌纤维进行梳理，缓解肌纤维的痉挛，修复微损伤的肌纤维；可促进肌力恢复，使肌肉拉长，降低肌肉的张力，从而使肌肉得以放松，缓解肌肉疲劳，促进运动能力的恢复。

（二）筋膜放松法

这个方法主要借助泡沫滚轴、筋膜球、筋膜枪等工具来实现放松恢复。放松工具的运用能使得身体加速疲劳恢复，减少肌肉疲劳与疲劳的积累。利用工具通过外力对筋膜、肌腱、韧带等软组织进行梳理，缓解关节压力，使人们减轻疼痛感。筋膜放松法可以预防运动损伤，维持良好的肌肉长度；还可加快血液循环，减少炎性水肿，促进代谢物的消除，加速运动后的身体恢复。

下面介绍一套泡沫轴放松动作。

1. 颈部放松：40 秒

仰卧，屈膝，双脚稍分开。双手置于身体两侧掌心向下，双脚踩实。

将泡沫轴置于颈部下方，贴合颈部轮廓，下颚稍上扬，全身放松。

左右转动头部，动作缓慢匀速（见图 2-37）。

图 2-37　颈部放松动作

2. 上背部放松：40 秒

仰卧，屈膝，双脚稍分开与肩同宽。双手置于颈后，含胸弓背。

下颚微收，双手托住颈部。将泡沫轴前后滚动，动作缓慢匀速（见图 2-38）。

图 2-38 上背部放松动作

3. 右侧臀部放松：40秒

屈左腿，左脚踩实地面，右脚搭于左膝上。右手撑地，左手扶右膝。上体微向右转，重心落于右侧臀部。泡沫轴置于右侧臀部下方。左腿发力，泡沫轴前后滚动或前后画圈滚动。

动作缓慢匀速。痛点处，短暂停留、按压（见图2-39）。

图 2-39 右侧臀部放松动作

4. 左侧臀部放松：40秒

屈右腿，右脚踩实地面，左脚搭于右膝上。左手撑地，右手扶左膝。上体微向左转，重心落于左侧臀部。泡沫轴置于左侧臀部下方。右腿发力，泡沫轴前后滚动或前后画圈滚动。

动作缓慢匀速。痛点处，短暂停留、按压（见图2-40）。

图 2-40　左侧臀部放松动作

5. 大腿前侧放松：40 秒

屈肘撑地，泡沫轴置于大腿前侧中下段。肩膀自然下沉，身体保持挺直，双脚离开地面。

双肩发力，大臂推动身体前后运动。

动作缓慢匀速。痛点处，短暂停留、按压（见图2-41）。

图 2-41　大腿前侧放松动作

6. 右侧大腿外侧放松：40 秒

右侧卧，右腿伸直，泡沫轴置于大腿外侧下方上下滚动，右脚离开地面。右手肘撑地，左手体前扶地。

滚动时动作缓慢匀速。痛点处，短暂停留、按压

（见图2-42）。

图2-42 右侧大腿外侧放松动作

7. 左侧大腿外侧放松：40秒

左侧卧，左腿伸直，泡沫轴置于大腿外侧下方上下滚动，左脚离开地面。左手肘撑地，右手体前扶地。

滚动时动作缓慢匀速。痛点处，短暂停留、按压（见图2-43）。

图2-43 左侧大腿外侧放松动作

8. 大腿后侧放松：40秒

仰卧，双手体后手掌撑地。双腿伸直，泡沫轴放置于大腿后侧下方。双肩发力推动身体前后运动，双脚离开地面。

滚动时动作缓慢匀速。痛点处，短暂停留、按压

（见图2-44）。

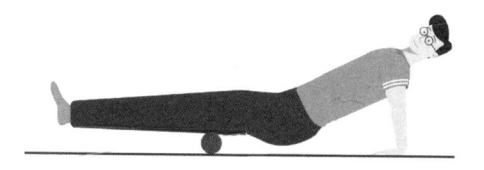

图2-44　大腿后侧放松动作

9. 右侧大腿内侧放松：40秒

俯卧，肘撑地。左腿伸直，屈右腿将泡沫轴置于大腿内侧下方，脚尖离开地面。

泡沫轴从大腿内侧至膝关节内侧间来回滚动。

滚动时动作缓慢匀速。痛点处，短暂停留、按压（见图2-45）。

图2-45　右侧大腿内侧放松动作

10. 左侧大腿内侧放松：40秒

俯卧，肘撑地。右腿伸直，屈左腿将泡沫轴置于大腿内侧下方，脚尖离开地面。

泡沫轴从大腿内侧至膝关节内侧间来回滚动。

滚动时动作缓慢匀速。痛点处，短暂停留、按压（见图2-46）。

图 2-46　左侧大腿内侧放松动作

11. 右侧小腿后侧放松：40 秒

仰卧，双手体后手掌撑地。左腿屈，左脚踩实地面。右小腿直腿置于泡沫轴上，臀部离地。

泡沫轴来回滚动，同时左右转动小腿。找到痛点处，短暂停留、按压（见图 2-47）。

图 2-47　右侧小腿后侧放松动作

12. 左侧小腿后侧放松：40 秒

仰卧，双手体后手掌撑地。右腿屈，右脚踩实地面。左小腿直腿置于泡沫轴上，臀部离地。

泡沫轴来回滚动，同时左右转动小腿。找到痛点处，短暂停留、按压（见图 2-48）。

图 2-48　左侧小腿后侧放松动作

13. 右侧小腿前侧放松：40秒

俯撑，双手、左脚撑地。右小腿前侧置于泡沫轴上。脚尖离开地面，朝内。让泡沫轴充分接触小腿前侧肌肉。

泡沫轴前后滚动。找到痛点处，短暂停留、按压（见图2-49）。

图2-49 右侧小腿前侧放松动作

14. 左侧小腿前侧放松：40秒

俯撑，双手、右脚撑地。左小腿前侧置于泡沫轴上。脚尖离开地面，朝内。让泡沫轴充分接触小腿前侧肌肉。

泡沫轴前后滚动。找到痛点处，短暂停留、按压（见图2-50）。

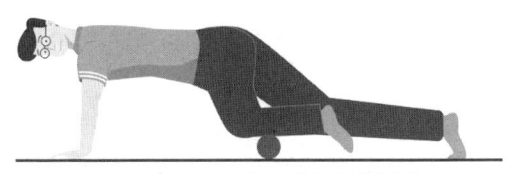

图2-50 左侧小腿前侧放松动作

第四节　气排球运动损伤的预防

气排球运动虽然是隔网对抗项目，不像足球、篮球、手球等直接对抗球类项目那样有身体冲撞受伤的危险，但气排球运动的特点，决定了参加气排球运动的练习者仍然有劳损、挫伤、意外受伤的危险。

一　加强预防运动损伤意识

对队员（学生）要进行宣传教育工作，使他们了解气排球运动的特点、易发生损伤的部位和情况，从而在思想上对可能产生的损伤有所准备。

二　加强身体全面训练，提高机体对运动的适应能力

这是预防运动损伤的一种积极手段，特别要注意加强膝关节、肩关节、手指、手腕关节、脚踝关节等相对薄弱部位的训练。

三　教练员（教师）做好准备和预防

教练员要认真钻研教材，了解每次教学训练课及练习中易发生损伤的技术动作，事先做好准备，并采取相应措施，合理安排教学、训练和比赛。

四　要认真做好准备活动

准备活动的内容和量应根据所要进行练习的活动性质、队员的个别情况及气象条件而定。如扣球、拦网等跳跃练习前应多做一些下肢的准备活动，发球、扣球练习前应多做一些肩关节的准备活动，准备活动结束与正式运动的间隔时间以 1~4 分钟为宜，一般做到身体发热、微微出汗即可，冬天准备活动量可加大。

第三章 气排球运动场地、器材、装备

第一节 气排球运动场地

一 比赛场地

气排球比赛场地（见图3-1）包括比赛场区和无障碍区。比赛场区为长12米、宽6米的长方形。场地的地面必须平坦、水平，不得有任何可能伤害队员的隐患。其四周必须有至少2米宽的无障碍区，从地面向上至少有7米的无障碍空间（非正式比赛，面积可适当调整）。

场地上所有的线均宽5厘米，有边线、端线、中线、进攻线、进攻线延长线、发球区短线。

（一）界线

两条边线和两条端线划定了比赛场区。边线和端线都包括在比赛场区面积之内。两条长线为边线，两条短线为端线。

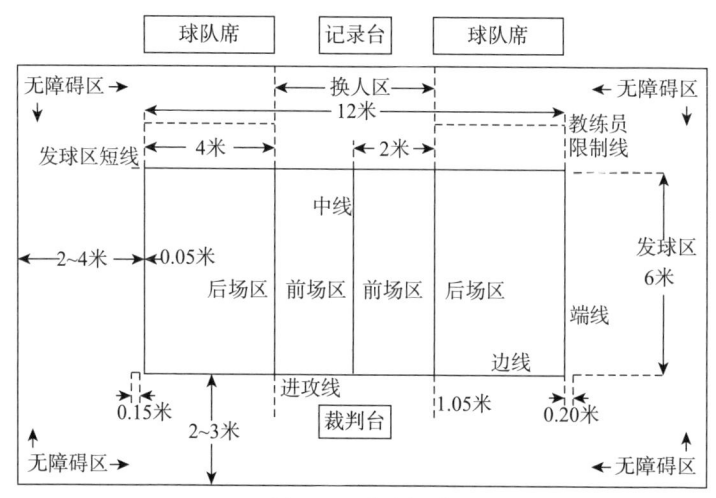

```
           球队席    记录台    球队席
         ┌─────── 换人区 ───────┐      ← 无障碍区
无障碍区 →  ┌─────── 12米 ───────┐
    ↓     │← 4米 →│← 2米 →│            教练员
发球区短线 │       │       │            限制线
         │       │ 中线  │
←2~4米→ 0.05米  │       │            ↑
         │ 后场区│前场区│前场区│后场区│  发球区
         │       │       │       │       端线 6米
         │       │       │       │       边线
         │       │ 进攻线│       │            ↓
         0.15米  2~3米   裁判台  1.05米  0.20米
                                            ← 无障碍区
无障碍区 →                                    ↑
```

图 3-1　比赛场地

（二）中线

中线连接两条边线的中点。中线将比赛场区分为长 6 米、宽 6 米的两个相等的场区。

（三）进攻线

每个场区各有一条距中线 2 米的进攻线。进攻线（包括进攻线的宽度）前为前场区。进攻线与端线之间为后场区。进攻线外两侧各画长 15 厘米、宽 20 厘米的三段虚线为进攻线延长线。两条进攻线的延长线与记录台一侧边线外的范围为换人区。

（四）发球区短线

端线后两条边线的延长线各有一条长 15 厘米、距离端线 20 厘米的短线，为发球区短线。两条短线（含短线宽度）之间的区域为发球区，发球区宽度延至无障碍区的终端。

（五）教练员限制线

由一组长 15 厘米、间隔 20 厘米的虚线组成，虚线自进攻线的延长线至端线延长线，距边线 1.05 米并平行于边线。限制线用于限制教练员的活动区域。

二　裁判台

裁判台设在球网的一端，面向记录台，一般使裁判员的水平视线高出球网上沿 50 厘米左右为宜。

第二节　气排球运动器材

一　比赛用球

气排球（见图 3-2）球质软，富有弹性，手感舒适，不易伤人。气排球球体大，圆周长为 72~78 厘米，重量轻，重 120~140 克。

图 3-2　气排球

二　网柱、球网和标志杆

（一）网柱

大多数网柱有两种情况。

（1）套筒：这是一个很值得推广的办法，用起来很方便，尤其是比赛时升网、降网速度很快。它是在1.5米高的羽毛球网柱上加套筒，在1.8米高和2米高的地方有固定螺丝。

（2）另外一种是专用网柱，就是在中线两端边线各延长50厘米的地方，打洞，洞的深度50厘米，然后将2.7米长的钢管插下去，并用水泥固定。钢管上有离地面1.8米和2米高的标志，便于拴球网。

（二）球网

球网架设在中线上空，在中线的垂直面上，为黑色。全长7米、宽1米，网孔面积为10平方厘米。网的上沿缝有5厘米宽的白色双层帆布带，中间用柔软的钢丝绳穿过，网的下沿用绳索穿起，上下沿拉紧并固定在网柱上。球网的两端各系一条宽5厘米、长1米的标志带，垂直于边线。两条标志带的外沿、球网的不同侧面，分别设置长1.80米、直径1厘米、有韧性的标志杆，高出球网80厘米。标志杆每10厘米应涂有红白相间的颜色。

球网的张力适中，一定要拉紧使球反弹，但又不能弹性过大。第一裁判员应用将球掷向球网的方法进行检查，视球的反弹情况判定是否符合要求。不能使用中间凸起的球网或网眼破损的球网。

球网高度：五人制比赛男子2米，女子1.8米；四人制比赛男子2.1米，女子1.9米（现多地中年组五人制的比赛也采用此高度）。球网高度应用量尺在场地中间丈量，球网两端（边线上空）的高度必须相等，不得超过规定网高2厘米。

（三）标志杆

长1.8米，直径为1厘米，每10厘米涂有红、白相间的颜色，固定于球网，垂直于中线两侧边线外沿上，并高出球网80厘米。一般采用塑料管，自己用红、白色油漆涂抹加工即成，标志杆是球网的一部分，并作为球网两端界限的标志。

三 其他器材与设备

（1）黄牌和红牌。第一裁判员判罚用。

（2）司线旗。一般为红色，尺寸为40厘米×40厘米。

（3）换人号码牌。比赛换人使用，一般为1~19号。

（4）比分显示牌。

（5）气排球比赛位置表、比赛成绩表、简易记分表、正式记分表。

（6）裁判台。长约 80 厘米、宽约 70 厘米，调节范围在 1.10~1.20 米高度之间的升降台。

（7）记录台。

（8）球队席长凳。

（9）记录夹、三角尺、记录笔。

（10）广播器材。

（11）量尺。

第三节　气排球运动装备

装备是任何运动项目的基本条件，好的装备能够使运动者更好地完成各种技术动作，并能有效地防止运动伤害的发生。

一　服装

比赛服装一般包括短袖运动衫、短裤或短裙，具体有以下要求。

（1）上衣、短裤、袜子必须清洁。

（2）同队队员的上衣、短裤的颜色可以不一致，但号码必须与服装颜色明显不同。

（3）号码必须是 1~8 号且号码必须在前、后胸中间和短裤前下角，前胸和短裤前号码至少 10 厘米高，笔画宽度至少 1.5 厘米，后胸号码至少 15 厘米高，笔画宽度至少 2 厘米。

（4）裁判员可允许运动员在局间更换湿衣服，但新换的服装必须符合比赛的要求。

（5）禁止佩戴可能造成伤害的任何物品，如首饰、徽章、手镯、发卡等。

（6）队员可以戴眼镜进行比赛，但所引起的一切后果自行负责。

二　鞋

气排球运动鞋（见图 3-3）需要有柔软的底，因为气排球和排球一样需要弹跳、跨、跑等动作，鞋底柔软才能很好地保护脚底，同时还能减少起跳后落地时的震动。

图 3-3　气排球运动鞋

第四章 气排球运动基本技术

气排球运动技术是指在从事气排球竞赛、娱乐、健身时，在规则允许的条件下采取的各种合理的击球动作和配合动作的总称。气排球运动技术是气排球运动的重要组成部分，也是气排球运动的基础。

作为排球大家庭的一个成员，气排球运动技术具有排球运动的共同特点：完成各种技术动作的时间短促；各种技术动作都是球在空中飞行时完成的；大多数技术具有攻防两重性；身体各部位均可触球等。

气排球技术与室内标准排球技术有许多相同或类似之处，可以将气排球技术分为准备姿势与移动、发球、接球、传球、扣球、拦网等基本技术。

第一节 气排球运动准备姿势与移动

准备姿势与移动是气排球运动基本技术之一，属于无球技术，是完成发球、接球、传球、扣球和拦网等各项有球技术的前提和基础,并对各项有球技术的运用起串联和纽带作用。准备姿势和移动是相辅相成的,准备姿势主要是为了移动,而要快速移动,又必须先做好准备姿势。

一 准备姿势

准备姿势是在进行移动和各种击球动作前所做的合理的准备动作。准备姿势是气排球完成各种技术和组成战术的基础,它为移动和击球做好充分的准备,为更快捷地移动和准确地击球创造条件。良好的准备姿势可以迅速起动及快速移动、接近来球、保持好人球关系、占据有利的击球位置,以便完成各种击球动作。

由于气排球球速较慢,所以要积极准备,降低身体,同时身体重心稍靠前,脚底要保持灵活,不能站死,肌肉保持一定的紧张度。

准备姿势根据身体重心的高低可分为稍蹲准备姿势、半蹲准备姿势和低蹲准备姿势三种。稍蹲准备姿势一般用于来球速度较慢、弧度较高的传球、垫球或击球前的助跑;半蹲准备姿势主要用于传球、防守和拦网;低蹲准备姿势主要用于接快速有力的来球。

(一)半蹲准备姿势

1. 动作方法

(1)两脚稍分前后或平行开立,比肩稍宽,脚尖朝前或适当内收。

（2）脚跟稍提起，重心落在脚前掌上，膝关节保持一定的弯曲，膝部的投影线落在脚尖前。

（3）上体前倾，重心靠前，两肩的投影线超过膝部。

（4）两臂放松，两肘自然弯曲并下垂，双手置于腹前。

（5）两眼注视来球，全身微动保持待发的状态（见图4-1）。

图4-1 半蹲准备姿势

2. 技术要点

屈膝提踵，以便向各个方向快速蹬地移动。含胸收腹，身体前倾，便于接较低的来球。两臂屈曲，手置于腹前，利于伸臂接各种弧度和不同方向的来球以及移动时的摆臂。两膝两脚保持微动，可以使神经系统处于良好的兴奋状态，便于肌肉快速收缩，完成起动。

3. 易犯错误及纠正方法

（1）易犯错误

①臀部后坐；

②弯腰、直腿；

③动作僵硬，全脚掌着地；

④有意提脚跟，重心不稳。

（2）纠正方法

①提醒运动者全身放松，讲清肌肉放松才能收缩，以及人体运动惯性等道理予以纠正。

②讲清重心靠前的道理，提醒运动者做到肩的垂线超过膝关节，膝的垂线超过脚尖。脚跟提起是腰、膝、踝弯曲所引起的自然动作。可采用两人一组、互相练习并纠错的方式改善运动者的错误动作。

③进一步讲清动作要领，运动者要体会要领，并多做屈膝练习。

4. 易见伤害及预防措施

（1）易见伤害

①肌肉酸痛；

②关节僵硬疼痛。

（2）预防措施

①运动前做好充分的准备活动，思想上重视，注意力集中，动作用力到位。

②加强下肢的力量练习，如弓步负重走、蛙跳等下肢练习，使运动者加强下肢力量，避免运动中出现腿部酸疼、关节僵硬等现象。

（二）稍蹲准备姿势

1. 动作方法

（1）两脚前后或平行开立，两脚间距略比肩宽，脚尖朝前或适当内收，脚跟稍稍抬起。

（2）膝关节保持一定的屈曲，身体重心稍低、靠前。

（3）两臂放松，肘关节自然下垂，双手微屈置于腹前。

（4）两眼注视前方来球处，两脚微动，全身处于待发状态（见图 4-2）。

图 4-2　稍蹲准备姿势

2. 技术要点

身体重心比半蹲准备姿势稍高，两膝及两臂弯曲程度较小，双手比半蹲姿势靠近身体。其他技术要点与半蹲准备姿势相同。

3. 易犯错误及纠正方法

（1）易犯错误

①动作僵硬，全脚掌着地；

②直腿、弯腰；

③刻意抬脚跟，重心不稳。

（2）纠正方法

①讲清动作技术要领，讲清脚跟提起是腰、膝、踝弯曲所引起的自然动作。

②反复提示，反复练习。两人一组，互相练习并纠正。

③练习前可以加一些身体协调性的练习，使运动者提前进入状态。

（三）低蹲准备姿势

主要用于接快速有力的来球。这种姿势便于短距离快速移动和倒地动作，以便扩大防守面积。

1. 动作方法

（1）与半蹲姿势相比，两脚左右站立的距离要宽；

（2）身体重心更靠前，身体重量落在两脚前脚掌

上,两膝弯曲程度较大;

(3)上体前倾,膝部前移,使两肩与地面的投影超出膝部,膝部的投影落在脚尖前;

(4)两臂置于腰腹前方,比半蹲姿势略前伸(见图4-3)。

图 4-3 低蹲准备姿势

2. 技术要点

屈膝提踵,含胸收腹,微动。

3. 易犯错误及纠正方法

(1)易犯错误

①全身动作僵硬,两脚站死;

②全脚掌着地,臀部后坐;

③直腿、弯腰。

(2)纠正方法

①提醒运动者全身放松,讲清肌肉放松才能收缩,

以及人体运动惯性等道理予以纠正。

②讲清重心靠前的道理，提醒运动者做到肩的垂线超过膝关节，膝的垂线超过脚尖。可采用接球后再向前移动接球的方法纠正。

（3）进一步讲清动作要领。增加腿部肌肉力量。多做一些低姿的移动练习予以纠正。

二　移动

移动是指从起动到制动之间的人体位移。移动速度是单位时间内人体位移的距离。移动的作用是及时地接近球，保持好人与球的关系，以便合理完成击球动作。迅速的移动可以占据场上的有利位置，争取时间和空间。是否能及时地移动到位，是完成技术的关键。气排球运动都是在人体运动中完成击球动作的，因此，移动速度的快慢，直接影响击球效果。

移动是通过队员的走动或跑动来完成的。气排球场上的移动大都是短距离的移动，以两三步移动最多。气排球场上的移动又是不定向的，即每一次的移动都必须根据来球方向、击球方向或在比赛中根据本方的战术进行多方向的移动，根据接球的性质和接球的距离采用不同的方法。

移动技术由起动、移动步法和制动三部分组成。气排球常用的移动步法有并步、滑步、交叉步、跑步等。

（一）起动

1. 动作方法

起动是在准备姿势的基础上，迅速抬腿收腹，使身体重心倾向移动方向，同时移动方向的异侧腿迅速蹬地（交叉步移动除外），使整个身体迅速向来球方向起动（见图4-4）。

图4-4 起动动作

2. 技术要点

起动是以合理的准备姿势为前提，同时是移动的开始，起动的快慢是移动速度的关键。起动的力学原理是破坏平衡。移动时身体应向移动的方向前倾，重心降低，使后脚蹬地角度减小，增大后蹬水平分力，从而达到加速起动的目的。起动时的主要用力在于蹬地腿的爆发力，爆发力越大，起动速度越快。

3. 易犯错误及纠正方法

（1）易犯错误

①起动慢；

②缺乏判断。

（2）纠正方法

①讲清动作要领，反复示范纠正准备姿势，增加腰腹和腿部力量，并做各种姿势下的起动辅助练习予以纠正。

②强调含胸收腹前倾，两膝投影线超过脚尖。

③练习中两脚保持微动。

④多做低重心屈膝姿势的各个方向的移动练习。

4. 易见伤害及预防措施

（1）易见伤害

①膝关节扭伤——迅速判断，并快速移动、突然移动或转向移动易造成膝关节扭伤。

②蹬地腿肌肉拉伤——突然移动时下肢肌肉爆发式收缩，若用力不当，易发生后肌群拉伤。

③腰部损伤——若准备姿势身体重心过高，由静止到移动，破坏了身体原有的平衡，很可能出现用腰发力的错误动作，从而发生腰部损伤。

④踝关节损伤——踝关节在由静到动的运动过程

中，如果用力不当，或动作技术要领不得当，容易引起踝关节外侧副韧带的损伤。

（2）预防措施

①充分做好运动前的准备活动。将身体的肌细胞调动起来，使运动者兴奋，产生良好的运动情绪。讲解运动的力学原理，使运动者从思想上形成一定的自我防护意识。

②做一些与专项技术相关的游戏，调动运动者的积极性。

③加强下肢力量练习，与专项技术相结合，如弓箭步负重走、鸭子走、背人下蹲等下肢力量练习。

④反复进行多方向的起动练习，可采用信号或者口令的方式。增加趣味性，灵活多变。

（二）移动步法

1. 动作要领

（1）并步与滑步。当来球距离身体一步左右时可采用并步移动。近球一侧的脚向来球方向跨出一步，另一侧脚迅速有力地蹬地，并迅速跟上做好接球的准备姿势。当来球与身体的距离较远时，用并步无法接近来球时，可连续并步即滑步。

（2）交叉步。当来球在体侧3米左右时，可采用交叉步。如向右移动采用交叉步时，身体稍向右转，左脚从右脚前向右交叉迈一大步,然后右脚再向右跨出一大步,同时身体转向来球方向,呈接球前的准备姿势(见图 4-5)。

图 4-5 交叉步移动步法

(3)跑步。当来球较远时,采用跑步移动。跑步移动时两臂要配合摆动,不宜过早做击球准备,边跑步边看球。

2. 技术要点

(1)移动是一个由平衡→不平衡→平衡的过程。

(2)并步有利于保持身体平衡,快速做到制动,便于做击球动作。并步可向前、后、左、右各方向移动,主要用于传球、垫球和拦网技术。

(3)交叉步的特点是步子大,动作快且制动强,主要用于二传、拦网和防守。

(4)跑步也可向各个方向移动。其特点是速度快,但制动较困难,需要两三步的减速后方可制动,主要用于追击距离比较远的球。

3. 易犯错误及纠正方法

(1) 易犯错误

①起动慢、移动步子过大或过小;

②移动时身体起伏过大。

(2) 纠正方法

①讲清要领,反复示范纠正步法,结合起动做一些辅助练习予以纠正。

②结合视觉信号多做起动练习。

③多进行短距离的各种抛接球练习。

④多进行穿越网下的移动训练。

4. 易见伤害及预防措施

(1) 易见伤害

①膝关节、踝关节伤害。若是对移动技术掌握不熟练,则会引起一些伤害。

②由场地器械造成运动者的意外伤害。

(2) 预防措施

①做好充分的准备活动,对运动者讲清技术要领,反复徒手模仿练习。

②确保进行练习的场地平坦无障碍物。如有器械,要及时提醒运动者,不要因为踩到器械或者踩到球而发

生意外伤害事件。

（三）制动

击球前，身体重心必须相对稳定，才有利于完成各种击球动作，并控制好击球方向、路线和落点。所以在移动后必须有良好的制动过程。

1. 动作方法

一步制动法：移动后跨出一大步，同时降低重心，全脚掌着地以抵抗身体继续移动的惯性，并利用腰腹力量控制上体，使身体重心停留在两脚所构成的支撑面以内。

两步制动法：两步制动时以倒数第二步做第一次制动，紧接着跨出最后一步，同时身体后倾，两膝屈曲，重心下降，用脚内侧蹬地，以抵抗移动的惯性，使身体处于有利于做下一个动作的状态。

制动动作见图 4-6。

图 4-6 制动动作

2. 技术要点

（1）制动的实质是恢复平衡。制动和起动是完全相反的两个过程。移动后跨出一大步，跨出脚给地面以蹬力，地面支撑反作用力的水平分力与身体重心移动方向相反，从而使身体重心移动速度减小，起到制动作用。移动后身体重心后移和降低，有利于减小蹬地角度，加大制动的水平分力。

（2）一步制动在短距离移动之后，速度较慢、冲力较小时采用；两步制动则主要在快速移动之后冲力较大时使用。

3. 易犯错误及纠正方法

（1）易犯错误

①重心不稳，身体向前冲；

②移动后制动不好。

（2）纠正方法

①讲清要领，反复示范纠正准备姿势，增加腰腹和腿部力量，并做各种姿势下的制动辅助练习予以纠正。

②提醒运动者移动时最后一步稍大，膝和踝稍向内扣。做快速变向等辅助练习予以纠正。

4. 易见伤害及预防措施

（1）易见伤害

①膝关节伤害；

②踝关节伤害。

（2）预防措施

①做好充分的准备活动，活动身体各个关节。这一点需要教师和运动者的共同互动。

②教师尽量讲解清晰的技术要领，并通过各种练习使运动者迅速掌握制动技术。

③强化运动者的自我保护观念。

第二节　气排球运动接球技术

接球是用手或双手手臂的坚硬部位，从球的下方向上击球的技术动作。接球技术较简单易学，但由于气排球球体较软，接球时难以控制，准确性相对较差。在气排球中接球技术运用较多，所以接球在气排球技术中占有重要的地位。接球在气排球比赛中主要用于接发球、接扣球、接吊球及接拦回球及接应各种低球，有时也用来组织进攻。在气排球接球技术中，一般采用垫球，双手插托击球、捧球，单手托球以及其他辅助击球技术。当来球较远时可采用单手垫球，当来球较高、速度较快时可采用单手挡球或双手挡球技术。

一　垫球技术

垫球的特点如下。

第一，垫球技术大都是接对方各种击过来的球，因此，垫球主要是一项被动的防守技术。

第二，气排球比6人制排球飞行速度慢，而且球经过长距离飞行后会出现突然下沉现象，所以做垫球判断时，应比6人制排球的落点距离适当前移，身体重心也要随之前移。

第三，由于气排球球体软，垫球时手臂上抬力量应稍大，以增加反弹力。

第四，在一般情况下垫球技术在气排球比赛中都是将球垫给队友，因此，要求垫球准确性高，起球效果要好。

（一）正面双手垫球技术

正面双手垫球是运动员双手在腹前垫击来球的一种垫球方法，是各种垫球技术的基础，是最基本的垫球方法。适合于接各种发球、扣球和拦回球，有时也用于垫二传。在困难时也可以用来组织进攻。

正面双手垫球技术的基本手形有抱拳式、叠掌式和互靠式，但无论采用哪种手形都应该注意手腕下压，两臂外翻。正面双手垫球按来球力量大小可分为垫轻球、垫中等力量球和垫重球。正面双手垫球在垫轻球、垫中等力量球和垫重球时，其动作方法是有区别的。

1. 垫轻球

（1）动作方法

①准备姿势。以半蹲或稍蹲姿势站立，重心稍靠前，两臂自然弯曲，两手置于腹前。

②击球手形。两手掌根相靠，两手手指重叠，手掌互握，两拇指平行向前，手腕下压，两前臂外翻成一个平面。

③击球点。保持在腹前约一臂距离处。

④触球和击球部位（见图4-7）。用前臂的手腕关节以上10厘米左右的桡骨内侧平面击球的后下部。

图 4-7　触球和击球部位

⑤垫球动作。当球飞到腹前一臂距离时，两臂快速前伸插入球下，向前上方蹬地抬臂，将球准确地垫在击球部位上，同时配合蹬地、跟腰、提肩、顶肘、压腕、抬臂等全身协调动作迎接来球，身体重心随着击球动作向前上方移动（见图4-8）。

⑥击球后动作。在击球的瞬间，两臂要保持稳定，身体重心要继续协调地向抬臂方向送球。垫击动作结束后，立即松开双臂做好下一个动作的准备。

图 4-8　垫轻球动作

（2）技术要点

①准备姿势的高低应根据来球的高低、角度以及队员腿部力量的大小来决定，在接轻球时，重心适当降低，以便于双手插到球下。

②击球部位在腕关节以上 10 厘米的桡骨内侧平面。因为该处面积大而平，肌肉富有弹性，可适当缓冲来球力量，起球比较稳、准。

③击球点保持在腹前一臂距离，便于控制力量大小，调整手臂击球角度和控制球的落点及方向。

④垫轻球时，主要靠手臂上抬力量，以增加反弹力，如果需要把球垫得较高、较远，在适当加大抬臂动作的同时，还要靠蹬地、跟腰、提肩动作的协调配合。

（3）易犯错误及纠正方法

・易犯错误

①垫球时手臂的触球部位不正确。

②垫球时身体重心不前跟，只抬手臂。

③垫球时重心后坐，上体后仰。

④垫球时弯腰不弯腿，手臂与身体的夹角过小。

⑤击球动作不协调，击球时手臂有上摆动作。

⑥击球前后，有屈肘弯臂动作。

・纠正方法

①教师讲清技术动作要领，并让运动者反复做徒手模仿练习，强调伸臂夹肘，手腕下压。

②垫固定球，明确垫球部位和用力的方法。在空中自垫球的练习熟练后，可以做对墙近距离连续垫球的练习。

③可采用垫球后手摸地的方法，令运动者降低重心，或令其垫击近距离高弧度的球。

④可令运动者接一个扣球后立即向前接一个吊球；或垫起扣球后马上冲向前，把自己垫起的球接住；也可采用助力的方法，在运动者垫球时轻轻推其后腰，令其重心前移。

（4）易见伤害及预防措施

・易见伤害

①前臂肿痛：初学气排球运动时，手臂力量弱的运动者可能会发生前臂肿痛。

②毛细血管破裂：由于垫球是利用手腕关节上10厘米的桡骨内侧面垫击来球，因此这个位置的用力过于集中，容易出现紫红色血点，这其实是前臂表层细小的毛细血管受球的撞击后破裂形成的。

③肘关节酸痛：在练习的过程中，在垫球以后，会习惯性地屈肘，从而造成肘关节的劳损、酸痛。

④骨折或者脱臼：倒地救球的时候，若动作方法不得当，腿骨容易受伤。

⑤面部及身体伤害：运动者初学垫球的时候，不容易掌握垫球的力度、控制球的方向，接球队员很有可能被来球砸到面部或者身体的其他部位。

·预防措施

①运动前做好充足的准备活动。

②运动者反复练习，并能掌握正确的垫球姿势、击球手形、要领（压腕、夹肘、沉肩，手臂插到球下直臂送球）；上下肢协调配合（顶膝、跟腰、抬背）。

③初学者若手臂力量不足，可以买一副护腕，以保护前臂，缓和来球对前臂的冲击力量。

④练习的时候，练习强度不要太大，可以配合适当的休息。

2. 垫中等力量的球

（1）动作方法

①准备姿势和手形以及击球点与垫轻球相同。

②由于来球有一定的力量，手臂迎击球的速度要变慢，手臂要适当放松，主要靠来球的反弹力将球垫起，手臂要有缓冲的动作。

③击球时，要运用蹬地、跟腰、提肩、压腕、向前抬臂的动作击球的后下部（见图4-9）。

图4-9 垫中等力量的球动作

（2）技术要点

两臂前伸插球下，两臂夹紧腕下压；蹬地跟腰前臂垫，击点尽量在腹前；撤臂缓冲接中等力量的球。

①由于气排球的弹性较差，因此在练习垫球时，要强调蹬腿、跟腰的动作，抬臂动作也应比垫排球时

稍大。

②准备接发球或接扣球、垫球时，身体重心不应太低，以免影响移动速度。因气排球的飞行速度较慢，对许多来球可移动后将球击起。

③接来球时，要主动迎球，不可被动等球。因气排球长距离飞行后有时会突然下沉，判断时注意其落点可能比排球偏前。

（3）易犯错误及纠正方法

与垫轻球相同，此处不再赘述。

（4）易见伤害及预防措施

与垫轻球相同，此处不再赘述。

3．垫重球

（1）动作方法

①要根据来球的高低和角度，采用半蹲或低蹲的姿势准备，两臂放松置于腹前。

②用力击球时，由于来球速度快、力量大，触球后球体的反弹力也大，因此不能主动用力迎击来球，还应采用含胸、收腹的动作，帮助手臂随球后撤并适当放松肌肉，以缓冲来球力量。

③在撤臂缓冲的同时，用微小的手臂和手腕动作来控制垫球的方向和角度。击球的手形和部位，应根据来球情况做动作。

④当击球点过高并靠近身体时,仍可用前臂垫球;当击球点低而距身体较远时,就要用屈肘翘腕的动作把球垫在手腕部位的虎口处。

(2)技术要点

两臂前伸插球下,两臂夹紧腕下压;蹬地跟腰前臂垫,击点尽量在腹前;重心降低,撤臂缓冲接重球。

①由于气排球的弹性较差,因此在练习垫球时,要强调蹬腿、跟腰的动作,抬臂动作也应比垫排球时稍大。

②准备接发球或接扣球、垫球时,身体重心不应太低,以免影响移动速度。因气排球的飞行速度较慢,对许多来球可移动后将球击起。

③接快速有力的发球时,要提前适当降低重心,采取跪垫球方式,将球缓冲送出。因气排球长距离飞行后有时会突然下沉,判断时注意其落点可能比排球偏前。

(3)易犯错误及纠正方法

·易犯错误

①接大力发球用力不当,不能较好地控制落点。

②其他易犯错误与垫轻球相同,此处不再赘述。

·纠正方法

与垫轻球相同,此处不再赘述。

(4)易见伤害及预防措施

与垫轻球相同,此处不再赘述。

(二)侧面双手垫球技术

在气排球接发球或防守垫球时,身体来不及移动正对来球,则垫球击球点在体侧,称体侧垫球。其特点是伸臂动作快,控制范围大,但不易控制垫球方向,准备性比不上正面垫球。

1. 动作方法

当球由右侧飞来时,先以左脚前脚掌内侧蹬地,右脚向左跨一步,右膝弯曲,重心移至右脚,同时,两臂夹紧向右侧伸出,右臂高于左臂,左肩微向下倾斜。击球时,用左转体收腹动作,配合两臂在身体右侧拦住来球的飞行路线,用两前臂垫击球的后下部(见图4-10)。若球从左侧飞来则相反。由于侧垫不易控制垫球的方向,所以在来得及的情况下,应尽量采用正面垫球。

图 4-10 侧面双手垫球动作

2. 技术要点

（1）左脚向左侧跨出一步（以左侧来球为例），扩大了控制面积，更接近球。

（2）右肩微向下倾斜，左臂高于右臂，使双臂组成的平面与水平面形成适合的角度，便于拦击来球。

（3）向侧跨步伸前臂，向内转体提肩击球。

（4）垫击来球时，要将臂伸直送出，切忌随球摆臂。

3. 易犯错误及纠正方法

（1）易犯错误

①两臂水平移动，未能形成立体面截住来球。

②动作不协调，击球送臂和下肢的蹬地伸膝不协调。

③撩臂，随球摆臂。

（2）纠正方法

①讲清侧面双手垫球的技术要领，反复示范。

②强调一臂高于对侧手臂，两人一组，一抛一垫，反复练习左右两个方向的侧垫球。

4. 易见伤害及预防措施

（1）易见伤害

①腰部伤害。侧垫球时，若上下肢不能协调配合，腰部可能因为转体不适而受伤。

②其他与正面双手垫球中垫轻球相同，此处不再赘述。

（2）预防措施

与正面双手垫球中垫轻球相同，此处不再赘述。

（三）背向双手垫球

背对出球方向的垫球方法叫背向双手垫球，简称"背垫"。大多用于接应队友垫飞的球或将球处理过网。在接应队友起球后，球飞得较远又无法正面接球时，以及必须将球处理过网时运用较多。其特点是击球点较高，准确性稍差。由于背对垫球方向，不便于观察目标和控制击球的方向和落点。

1. 动作方法

（1）背垫球时首先要判断来球落点，快速移动到来球的落点处，背对击球方向，两臂夹紧伸直，击球点高于肩，抬头挺胸，展腹后仰。

（2）击球时，脚蹬地，同时，两臂直臂向后上方摆动，将球击出（见图4-11）。

（3）背垫的击球点一般应在肩前上方。

图4-11 背向双手垫球动作

2. 技术要点

（1）蹬挺抬仰两臂摆，背对目标肩上击球。方向要准确。

（2）两臂夹紧伸直，插到球下及抬头挺胸，展腹后仰，使击球的力量向后上方。

3. 易犯错误及纠正方法

（1）易犯错误

击球时低头弓背，未能以抬头挺胸动作带动两臂向后上方摆动抬送。

（2）纠正方法

①讲清背向双手垫球技术要领，反复示范。

②反复背向进行高远球练习。

4. 易见伤害及预防措施

（1）易见伤害

①腰部伤害：背垫球时，若动作不协调，会出现腰部力量不足而发生"闪腰"的伤害。

②其他与正面双手垫球中垫轻球相同，此处不再赘述。

（2）预防措施

与正面双手垫球中垫轻球相同，此处不再赘述。

二 双手插托击球技术

双手插托击球是指面对来球,在腰部以下空间高度接球的技术。它的明显特征是:一手掌心朝上,五指朝前,另一只手掌心朝前,五指朝侧面,两手在球的后下方形成一个与球相吻合的弧形(见图4-12)。用于接发球和接各种攻击过网的球,它是气排球特有的一项技术动作。

图4-12 双手插托击球动作

(一)动作方法

(1)准备姿势。面对来球,两脚开列与肩同宽,根据来球的速度和力量,呈半蹲或稍蹲姿势站立。

(2)迎球动作。当来球接近体前时,开始蹬地、伸膝,手指张开从腹前迎球。全身各部位动作应协调一致。

(3)击球手形、击球部位与击球点。双手形成一个与球体相吻合的弧形,一只手在球下,我们称之为托球手;另一只手在球后,我们称之为护球手。触球时,两肘弯曲,托球手五指分开掌心朝前且手指朝前呈勺形,用手指、指根触及球的后下部,护球手五指分开掌心朝向来球的方向且手指朝侧呈勺形,手指触球的后方。

(4)顺势缓冲的动作。在迎球动作的基础上,当手和球即将接触前,手腕和手指要有顺势下展的动作。击球时,托球手手掌、手指给球体以撩拨动作,手掌手指的撩拨用力从球体重心的后下方通过,使球在向前上方抛起的同时产生上旋的力量。护球手同时翻顶球的中后部,利用托、翻、抬的合力将球传出。

(二)技术要点

(1)准备姿势的运用要根据不同情况而有所变化。接一般的轻球,身体重心可稍高。接扣球和吊球时,应采用半蹲或低蹲准备姿势,两膝的弯曲度和重心的高低应根据来球的高度和角度以及腿部力量的大小而定,要求在不影响快速起动的前提下,重心适当降低,这样有利于快速插入球下接低球。

(2)抱送球时,球离身体不宜太远或太近。击球点位置应使托球手保持大小臂自然弯曲于体侧为宜,这样有利于充分保证手臂运动的幅度和角度,从而控制出球的方向、高度和落点。

三 捧球技术

捧球主要是处理速度较快的来球。其明显的动作特征是：双手掌心朝上，十指张开且朝前，双手形成一个弧底形（见图4-13）。

图4-13 捧球动作

（一）动作方法

（1）准备姿势。面对来球，两脚开列与肩同宽，根据来球的速度和力量，呈半蹲或稍蹲姿势站立，两肘弯曲，上臂与前臂夹角为90°，左右肘分别位于腰部两侧。

（2）击球手形。来球时，双手掌心向上，手指张开，十指朝前，形成弧底形。手指、手腕与前臂基本形成一个平面。

（3）击球部位与击球点。双手形成一个弧形，以全手掌触击球的下部。

（4）用力方法。双手捧球击球时，大臂夹紧身体，手指、手腕与前臂在一个平面上，靠手指、手腕与前臂上托的瞬间发力动作将球击出，其动作幅度较小。

（二）技术要点

准备姿势应采用半蹲或低蹲式，要求在不影响快速起动的前提下，重心适当降低，这样有利于快速插入球下。击球瞬间，两掌心插到球后部捧住来球，上臂要夹紧身体，手指、手腕与前臂要保持一定的紧张度，靠前臂、手腕、手指力量击出来球，击出点一般在身体腹部前方。气排球捧球技术特别适用于接对方速度快的追身球。

四　单手托球技术

单手托球是处理离身体较远的球，主要是在来不及运用双手插托球、抱球、捧球和正面双手小臂垫球时采用。其明显的动作特征是：掌心朝上，五指张开且朝前，形成一个弧底形（见图4-14）。

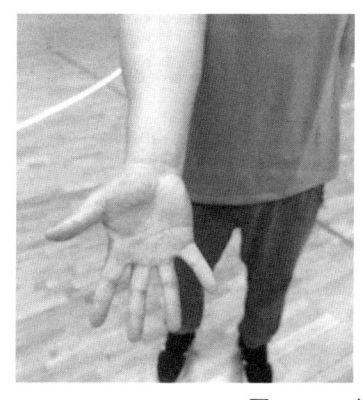

图 4-14　单手托球动作

（一）动作方法

单手托球时掌心向上，五指张开且朝前，手呈弧底形，以全手掌触击球的下部。手臂、手腕的动作幅度应根据来球力量的大小和击球的目标点来控制。

（二）技术要点

击球瞬间，手快速插入球下部，手指、手腕与前臂要保持一定的紧张度，手臂、手腕的用力大小和动作幅度都应根据来球力量的大小和目标点的位置来控制。

第三节　气排球运动传球技术

气排球传球是用双手（或单手）在额前上方，利用蹬地腿、伸臂协同一致的动作及手指、手腕的弹击力完成的击球技术动作，这是气排球最基本、最重要的技术之一。

由于气排球球体柔软、伤害性小，所以其传球技术对初学者来说难度不大。传球技术在比赛中主要运用于二传，将接、防起的球传给进攻队员进攻，在比赛中起到组织进攻与反攻的纽带和桥梁作用。由于气排球比赛中发球是下手发球，发出的球速度、力量都不及排球，因此，传球技术在接发球中也被经常采用。同时传球还可以用来吊球和处理球，起到进攻的作用。

按照传球的基本方向,把传球技术分为正面传球技术、背向传球技术和侧面传球技术。

一 正面传球技术

正面传球是指面对出球方向的传球动作。正面传球是最基本的传球方法,是其他一切传球技术的基础。传球时,用双手(或单手)在额前上方,利用蹬地、伸膝、伸臂、送腕的动作,以手指的弹击力完成击球动作,这是气排球最基本最重要的技术之一。

(一)动作方法

(1)准备姿势。采用稍蹲准备姿势,上体稍挺起,仰头注视来球,两臂屈肘,两手自然抬起置于额头上方。

(2)迎击球。当判断来球下降至额前上方的一球距离时,蹬地、伸膝、伸臂,两手向前上方迎击来球(见图 4-15)。全身各部位动作应协调一致。

图 4-15 正面传球动作

(3)击球点。额前上方约一球距离处。

（4）手形。当手触球时，两臂屈曲，两肘适当分开，两手自然张开形成半球状，使手指与球吻合，手腕稍后仰，以拇指内侧、食指全部、中指的二三指节触球的后下部（见图4-16），无名指和小指在球两侧辅助控制球的方向。两拇指相对接近呈"一"字形或"八"字形，两手间距以不漏球为宜，手形比排球的传球手形稍大，以便于控制柔软的球体。

图4-16 正面传球触球位置

（5）用力方法。在迎球动作的基础上，当手触球时手指、手腕保持适度紧张，配合脚蹬地、伸膝、伸臂动作将球轻柔地传出。由于气排球球体较软，不需要手指、手腕的缓冲即可将球传出。

（二）技术要点

蹬地伸臂对正球，额前上方迎击球；触球手形成半球，指腕缓冲控制球。

（1）传球手形与排球有一定区别。十指要适当张开，托球的下1/4处，不宜包球过多。

（2）不需要手指、手腕的缓冲运用。因气排球易变形，来球的速度和力量在触手时已被缓冲，手指、手腕必须保持适度紧张，尤其是传远距离球时。

（3）传球用力是传球的最后一个动作，通过蹬地、伸膝、伸臂，配合手指、手腕的屈伸及全身各部位动作的协调力量完成。由于气排球球体柔软，正面传球时依靠伸臂和手指、手腕的紧张用力即可将球轻柔传出。传球时要根据具体的来球情况，恰当控制伸臂速度和手指、手腕的紧张程度，以达到控制球的目的。

（三）易犯错误及纠正方法

1. 易犯错误

（1）拇指朝前。

（2）击球点过高过后或过低过前。

（3）用力不协调，过早或过晚出手。

（4）传球时无伸臂送手腕动作。

（5）手指弹力不足或用不上手指弹力。

2. 纠正方法

（1）轻轻向上自传，检查手形。先摆好手形，接对方抛来的球。

（2）击球点偏低，应多练习自传球和对墙传球；击球点偏高，多练习自抛传远球。

（3）可以用实心球或篮球来进行传球练习，更好地体会传球的协调用力。

（4）运动者两脚一前一后，传球时后脚蹬地。或采用助力的方法，在运动者传球时，轻轻推他的后腰，让其重心前移予以纠正。

（四）易见伤害及预防措施

1. 易见伤害

（1）手指挫伤（俗称"戳手"）。传球动作主要是靠手指、手腕对球的弹击将球送出。因此，传球对手指、手腕的伤害相对比较集中。

（2）颈椎酸痛。由于传球时要抬头看来球，因此颈椎的压力很大，很容易僵硬、酸痛。

2. 预防措施

（1）做好充足的准备活动，尤其是手指、手腕等关节。

（2）传球的时候，要掌握正确的动作方法和要领，两拇指切忌向前伸。

（3）练习的时候，要少量多强度，上下肢协调用力。

（4）练习完要自觉地做颈部的放松运动，手指、手腕的放松运动。

（5）加强手指力量练习，如指卧撑练习等。

二 背向传球技术

背向传球是指向后背方向传球，也称背传。背向传球是传球技术中的一种基本方法,在比赛中运用较多。采用稍蹲的准备姿势,上体比正面传球稍后仰,重心在两脚中间,双手自然抬起置于脸前。背向传球出手方向、击球手法与正面传球相同,击球点比正面传球略高,在额头上方,手触球时,手腕适当后仰,掌心向上。手形与正面传球相同,拇指托住球底。传球时,利用蹬地、展腹、抬臂及手腕的弹力将球向后上方传出。

(一)动作方法

(1)准备姿势。上体比正面传球时稍后仰,双手自然抬起置于脸前。

(2)迎球动作。抬上臂,挺胸,上体后屈(见图4-17)。

(3)击球点。在头上方,比正面传球略偏后。

(4)手形。与正面传球相同,但触球时手腕要稍后仰,掌心向上,拇指托在球下,击球的下部。

(5)用力方法。利用蹬腿、展腹、抬臂、伸肘和手指、手腕的弹力,把球向后上方传出。

图4-17 背向传球动作

（二）技术要点

上体稍直臂上抬，掌心向上腕后仰；背部对正目标处，协调传球后上方。

（1）传球前上体保持正直或稍后仰，有利于蹬地、抬臂等动作向后用力，使球向后传出。

（2）击球点保持在额头上方，比正面传球稍高、稍后，有利于向后用力。

（3）上下肢协调用力。

（三）易犯错误及纠正方法

1. 易犯错误

（1）击球点不正确，过前或过后。

（2）用力不协调，不会后仰、展胸、翻腕，大拇指上挑。

2. 纠正方法

（1）强调击球点宁前勿后，保持正面传球的击球点。

（2）做自抛向后传球，做弧度高低结合的自传球练习。

（3）移动对准球，保持在头上的击球点。

（4）强调蹬腿、展胸、抬臂、翻腕上挑动作。

（5）在击球点较低的情况下练习背向传球。

（四）易见伤害及预防措施

1. 易见伤害

（1）手指挫伤（俗称"戳手"）。传球动作主要是靠手指、手腕对球的弹击将球送出。因此，传球对手指、手腕的伤害相对比较集中。

（2）颈椎酸痛。由于传球时要抬头看来球，因此颈椎的压力很大，很容易僵硬、酸痛。

（3）腰腹损伤。由于背对出球方向，因此在反方向发力时，如果腰腹力量不发达，就会发生损伤。

2. 预防措施

（1）与正面传球相同，此处不再赘述。

（2）进行适当的身体素质练习，以腰腹力量训练为主。

三　侧面传球

身体侧对传球目标，在不转动身体的情况下，靠双臂向侧方传球的动作称为侧面传球。

（一）动作方法

准备姿势、迎球动作、手形与正面传球相同，击球点应偏向传出方向一侧，上体和手臂应向传球方向伸展（见图4-18），传球方向异侧手臂的动作幅度、用力距离和动作速度要大于同侧手臂。

图 4-18 侧面传球动作

（二）技术要点

（1）击球点偏向传球方向一侧，有利于实现侧向传球。

（2）上体和手臂向传球方向伸展，异侧手臂的动作幅度、用力距离和动作速度要大于同侧手臂，有利于向侧向发力，并保持良好的手形向侧向垫球。

（三）错误纠正

1. 易犯错误

（1）侧向传球时未能保持正确手形，使球旋转。

（2）上体侧屈不够，出现"硬掰"的动作。

2. 纠正方法

（1）做各种步法移动后接传球，保持在脸前接住球，提高判断、选位能力。

（2）传固定球，体会正确的击球点。

（3）自传或对墙传球练习。

（4）进一步示范、讲解。用传球动作接球，体会手形。做手指、手腕的力量练习。用实心球、篮球做练习，增加指腕力量。

（5）结合移动步法接球。学会上体移动重心，上体能前后左右倾斜地传球，强调上体侧屈，保持手形。

（四）易见伤害及预防措施

1. 易见伤害

与背向传球相同，此处不再赘述。

2. 预防措施

与背向传球相同，此处不再赘述。

第四节　气排球运动发球技术

发球是气排球比赛的开始。发球是队员在发球区由自己抛球，用一只手将球击入对方场区的一种击球方法。发球是气排球技术中唯一不受他人制约的技术。一些儿童、少年气排球规则要求"发球队员必须在肩以下部位将球击出（下手发球）"，即发球时击球点不能与肩齐平或超过肩关节的高度。下手发球是气排球的重点技术之一。根据不同人群、不同规则要求，运动者采用的发球技术不同。本节分别介绍下手发球、上手发球技术。其中下手发球技术主要介绍正面下手发球和侧面下手发球两种，上手发球技术主要介绍正面上手发飘球和正面上手发球两种。

一　侧面下手发球技术

侧面下手发球是侧对网站立，转体带动手臂由体侧后下方向前挥动，在体前肩以下的高度击球过网的一种发球方法。这种发球动作较简单，容易掌握，可以借用转体力量击球，便于用力，适合女子初学者。侧面下手发球的特点是失误少，但攻击性小。

（一）动作方法

（1）准备姿势。左肩对网，两脚自然开立，约与肩同宽，两膝稍微弯曲，上体稍前倾，重心落在两脚之间，左手持球至腹前。

（2）抛球。左手将球平稳地抛于胸前，距身体约一臂远，球离手的高度约一个球。抛球同时，右臂摆至右侧后下方。

（3）挥臂击球。利用右脚蹬地向左转体的力量，带动右臂向前上方摆动，在腹前用手掌、虎口或掌根击球后下方。击球后，身体转向球网，并顺势进场（见图4-19）。

（二）技术要点

腹前低抛球，转体带摆臂；击球后下部，控制球路线。

图 4-19　侧面下手发球动作

（1）由于气排球弹性较差，会缓冲打出时的受力，因此，发球时要增加手臂挥摆幅度、速度，以及腿部蹬地力量和身体重心的位移距离，尤其是当运动者是女士时。

（2）已有排球基础的男运动者一般采用上手发球。若比赛只允许下手发球时，需要重新学习下手发球。

（3）在教学中，要以发球的稳定性为主。由于气排球速度慢，发球直接得分，甚至破坏接发球的机会较少。为了得分或破攻，运动者往往盲目加力，反而造成动作变形，增加发球失误。

(三)易犯错误及纠正方法

1. 易犯错误

(1)准备姿势太高。

(2)抛球太高太近。

(3)抛球与摆臂击球不协调。

(4)摆臂方向不正,击球不准。

2. 纠正方法

(1)讲清概念,练习前做好准备姿势。

(2)直臂抛球距身体一臂远,反复练习抛球动作。

(3)反复结合抛球做摆臂练习。

(4)击固定球,对墙发球练习。

(四)易见伤害及预防措施

1. 易见伤害

(1)腰部拉伤。侧面下手发球需靠转体收腹带动手臂的挥动,因此掌握不好动作要领,就会产生腰部的拉伤。

(2)手部损伤。侧面下手发球,击球部位以手掌、掌根或虎口为主,若手部力量不足,可能发生手部的损伤。

2. 预防措施

(1)做好充分的准备活动,尤其是腰部、肩部、膝部等关节。

(2)加强腰腹肌力量练习,如仰卧起坐、两头起、挺身起等。

（3）由近距离开始发球练习，逐步过渡到端线过网发球练习。

二 正面下手发球技术

正面下手发球是正面对网，手臂由后下方向前摆动，在腹前将球击入对方场区的一种发球方法。

（一）动作方法

1. 准备姿势

面对球网，两脚自然站立，左脚在前（以右手击球为例），两膝微屈，重心落在后腿，左手持球于腹前。

2. 抛球

左手将球轻轻抛到体前右侧，球高于右手20~30厘米。

3. 击球

抛球的同时右臂伸直以肩为轴向后摆动，借助右腿用力蹬地的力量，身体重心随右手向前摆动而移至前脚，在腹前以掌根或虎口击球的后下部（见图4-20）。击球时，手指、手腕适度紧张，击球后随即入场。由于气排球的球体较软，挥臂速度应快一些，以增加击球的力量。

（二）技术要点

1. 抛球稳

将球平稳地抛起不旋转，每次抛起的高度和距离应基本固定。抛球不稳是影响击球准确性的主要原因。

图 4-20 正面下手发球动作

2. 击球准

击球是发球的关键,击球的好坏直接影响发球的质量,要以正确的手形(掌根)击球的相应部位,使用力的方向与球的飞行方向一致。

3. 控制力量

气排球发球的挥臂速度要稍快一些,有利于增加击球的力量,但击球的力量要控制好。

(三)易犯错误及纠正方法

1. 易犯错误

(1)抛球不稳,偏前偏后,或过高过低。

(2)发球时不抛球。

(3)挥臂动作不固定,击球部位不准。

(4)用力不协调。

2. 纠正方法

（1）讲清技术要领，抛球和击球时机。运动者多做徒手模仿练习。反复强调抛球的重要性，并认真练好抛球。

（2）击固定球。

（3）距挡网 3~4 米，进行定点轻发球练习。

（4）反复进行中距离的对墙发球练习，并要求有一定的速度，让运动者体会协调的发力动作。

（四）易见伤害及预防措施

1. 易见伤害

（1）手臂拉伤。正面下手发球需要挥动手臂，发力不对会造成肘部和肩部的拉伤。

（2）手部损伤。正面下手发球，击球部位以掌根或虎口为主，若手部力量不足，会发生手部的损伤。

2. 预防措施

做好充分的准备活动，尤其是手指、手腕、肘部、肩部、腰部等处。

三　正面上手发球技术

正面上手发球是指发球队员面对球网站立，利用收腹转体动作带动手臂加速挥动，在头的右上方用手击球过网的发球方法。这种发球击球点高，可以充分利用胸腹和上体的爆发力，加之运用手的推压动作使球上旋飞行，不易出界，因此它具有较大的攻击性和准确性。

（一）动作方法

1. 准备姿势

面对球网，两脚自然站立，左脚在前，左手托球于体前。

2. 抛球与引臂

左手将球抛于右手的前上方，高度适中，同时右手抬起，屈肘后引，肘与肩平，上体稍向右侧转动，抬头、挺胸、展腹，手掌自然张开。

3. 挥臂击球

利用蹬地，使上体向左转动，同时收腹，带动手臂向前上方迅速挥动。在右肩前上方伸直手臂的最高点处，用全掌击球的中后部。击球时，手指和手掌要张开与球吻合，手腕要迅速做推压动作，使击出的球呈上旋飞行。运动者击球后，随着重心的前移，迅速入场（见图4-21）。

（二）技术要点

手托上抛高一米，同时抬臂右转体；转体收腹带挥臂，弧形鞭甩应加速；全掌击球中下部，手腕推压要积极。

图 4-21 正面上手发球动作

（三）易犯错误及纠正方法

1. 易犯错误

（1）抛球偏前或偏后。

（2）挥臂未呈弧形。

（3）手未包满球。

（4）无推压动作。

（5）用不上全身协调力量。

2. 纠正方法

（1）讲清抛球方法，固定目标抛球练习。

（2）反复徒手做弧形挥动手臂练习。

（3）对墙轻扣球，体会手包球推压动作，使球前旋。

（4）掷小网球或用杠铃片对墙练习。

（四）易见伤害及预防措施

1. 易见伤害

（1）腰部拉伤。正面上手发球需靠转体收腹带动手臂的挥动，因此如果掌握不好动作要领，就可能产生腰部的拉伤。

（2）肩关节损伤。上手发球，靠腰腹力量带动手臂的挥动，肩关节必然会受到快速的冲击，易发生脱臼等意外损伤。

（3）肘关节和上臂肌肉损伤。抛球后，前肘后引，拉长上臂的部分肌肉，如果用力不当，易发生损伤。

（4）膝关节韧带损伤。大力发球时速度快、力量大，若在跳发球过程中，过分追求力量与速度，可能会发生膝关节内外侧韧带或前交叉副韧带的撕裂、断裂。

2. 预防措施

（1）加强肩关节韧带练习，如腹背放松压肩、跪地放松压肩等。

（2）出现损伤后，减少上手发球，缓解肩部压力。

（3）加强下肢力量及腰部力量练习，如深蹲杠铃、后背杠铃挺身起等。

四 正面上手发飘球

正面上手发飘球是指采用近似正面上手发球的形式，击球力量通过球体重心，使发出的球不旋转而不规则地飘晃飞行的一种发球方法。这种发球使接球的队员难以判断球的飞行路线和落点。由于发球队员是面对球网站立，便于观察情况和瞄准目标，所以攻击性和准确性较高，目前在各类水平的比赛中均被男女队员广泛采用。

（一）动作方法

1. 准备姿势

近似正面上手发球，但左手持球的位置较高，约在胸前。位置离端线的距离变化较大，可以站在靠近端线处，也可站在离端线8米左右处。

2. 抛球与引臂

左手将球平稳地抛在右肩前上方，高度应稍低于正面上手发球的位置，并稍靠前些。在抛球的同时，右臂上举后引，肘部适当弯曲，并高于肩，两眼盯住球的击球部位。

3. 挥臂击球

与正面上手发球一样做鞭甩动作，但击球前手臂的挥动轨迹不呈弧形，而是自后向前做直线运动（见图4-22）。击球时，五指并拢，手腕稍向后仰，用掌根的坚硬部位平击球的中下部，使作用力通过球体重心。击球用力要快速，击球面积要小，触球瞬间，手指、手腕要紧张，不加推压动作。击球结束，手臂要有突停动作。

图 4-22 正面上手发飘球动作

（二）技术要点

抛球稍低略靠前，回避轨迹呈直线；

掌根击球穿重心，击后突停不屈腕。

（三）易犯错误及纠正方法

1. 易犯错误

（1）抛球时高时低。

（2）挥臂不呈直线，击球不准。

（3）力量没通过球体重心。

（4）抛球与挥臂动作脱节。

2. 纠正方法

（1）多做固定目标的抛球练习。

（2）做直线挥臂，或对墙击固定球练习。

（3）用掌根的坚硬部位击固定球或击固定目标练习。

（4）随教师的口令、节奏进行抛球挥臂练习。

第五节　气排球运动扣球技术

扣球是气排球攻击性最强的基本技术，是队员跳起在本方上空将球从网上击入对方场区的一种击球动作。扣球技术的好坏、水平的高低是决定比赛胜负的关键，它是最积极、最有效的进攻武器，也是得分的主要手段。

扣球技术是比较复杂的空间连续动作。它需要基于良好的弹跳高度，利用腰腹力量快速挥臂，手掌大力击球，控制好球的飞行方向，才能将高于网上沿的球击入对方场区。

扣球是在与二传密切配合下完成的击球动作，二传队员与扣球队员配合的好坏直接影响扣球手能力的发挥，也是决定比赛胜负的关键。

因为扣球是在有对方拦网阻挡的情况下完成击球的，扣球队员除与二传队员进行战术配合外，还应具有力量大、击球点高、速度快、变化多的个人技巧和特长，才能突破对方的拦网。扣球技术按照动作方法，一般分为正面扣球、单脚起跳扣球等几种；按照扣球的节奏可分为强攻和快攻；按照扣球起跳区域可分为前排扣球和后排扣球。

一　正面扣球技术

正面扣球是扣球技术中最基本的一种方法。由于面对球网，便于观察，准确性较高。加之正面扣球挥臂动作灵活，能根据对方运动者情况，随时改变扣球的路线和力量，控制落点，因而进攻效果较好。初学者必须在掌握好正面扣球技术后，再学其他扣球技术。现以两步助跑、右手扣球为例来分析其动作方法和技术要领。

（一）动作方法

正面扣球按其动作分为准备姿势、助跑、起跳、空中击球和落地五个相互衔接的部分。

1. 准备姿势（以右手扣球为例）

扣球助跑前采用稍蹲姿势，两臂自然下垂，站在离网 3 米左右处，身体转向来球方向，观察来球，做好向各个方向助跑起跳的准备。

2. 助跑

助跑开始时，左脚向前迈出一步，紧接着右脚再快速跨出一大步，左脚及时并上，踏在右脚之前，两脚尖稍向右转。两臂绕体侧向上引摆。

3. 起跳

在助跑跨出最后一步，左脚并上踏地制动的同时，两臂自后积极向前摆动，随着双脚蹬地向上起跳，两臂配合起跳有力地向上摆动。

4. 空中击球

起跳后，挺胸、展腹，上体稍向右转，右臂向后上方抬起，身体呈反弓形。挥臂时，以迅速转体、收腹动作发力，依次带动肩、肘、腕各部位关节向前上方呈鞭甩动作挥动。击球时，五指微张，以掌心为主，全掌包满球，在手臂伸直的最高点的前上方击球的后中部，同时主动用力屈腕、屈指向前推压，使扣出的球呈上旋飞行。

5. 落地

落地时，以两脚前脚掌先着地再迅速过渡到全脚掌着地，同时顺势屈膝、收腹，以缓冲下落的力量，并立即做好下一个动作的准备。

正面扣球动作见图 4-23。

图 4-23　正面扣球动作

（二）技术要点

助跑节奏慢到快，一步定向二步跨；后步跨上猛蹬地，两臂配合向上摆。腰腹发力应领先，协调挥臂如甩鞭；击球保持最高点，全掌包球击上旋。

（1）因为气排球的飞行速度较慢，助跑起跳的时机应比排球稍晚。

（2）扣球时击球的部位在球的中上部而不同于排球的后中部。由于气排球不易扣出上旋球，因此击球部位不同。

（3）动作幅度比扣排球的动作要小，注意控制扣球的力量。主要靠小臂及手腕的动作进行扣球，要主动屈腕击球。

（三）易犯错误及纠正方法

1. 易犯错误

（1）助跑起跳时机不准。

（2）击球点偏后。

（3）扣球时手包不满球。

（4）用力过猛。

2. 纠正方法

（1）教师根据二传球的高度，用口令指导运动者开始助跑起跳。

（2）如果起跳点选择不当或起跳前冲，可以在地上画线,限制运动者的起跳点和落地点。

(3)可采用扣固定球和自抛扣球的方法加以纠正。

(4)采用近距离对墙自抛扣球的方法,要求运动者在高点将球扣在墙根;限制其发力,并促使其主动屈肘屈腕扣球。

(四)易见伤害及预防措施

1. 易见伤害

(1)腰背部拉伤。扣球是展腰、收腹的过程,对队员的腰部力量和腹肌有一定的要求。所以,在空中,如果控制不好腰背部力量,可能会发生腰背部的拉伤。

(2)肩关节损伤。如果扣球时挥臂动作不合理,肩关节容易受到损伤。

(3)膝关节韧带损伤。扣球动作和跳发球动作极为相似,因此在扣球的过程中,如果冲力比较大、起跳比较猛,落地没有屈膝缓冲,则可能使膝关节的韧带或者关节受到撕裂甚至断裂的损伤。

(4)脚踝关节扭伤。由于扣球的冲力较大,若没有控制好落地缓冲动作,在落地的时候可能发生脚踝关节损伤,更应该注意的是落地的时候脚不要踩到别人的脚上,否则会造成更大的伤害。

2. 预防措施

(1)做好充足的准备活动。

(2）正确掌握动作的技术要领，多做徒手模仿练习。

(3）强化自身的身体训练，增强腿部肌肉力量。

二 单脚起跳扣球技术

单脚起跳扣球是指助跑的最后一步以单脚踏地，另一只脚直接向前上方摆动帮助起跳的一种扣球方法。在排球运动中，由于各种冲跳扣球技术的大量采用，这种扣球有了新的发展前景。单脚起跳由于第二只脚不再落到地面而直接上摆，且起跳腿下蹲较浅，因而比双脚起跳动作快。由于它能充分利用助跑速度，加上右腿积极上摆的协调动作，比双脚起跳冲得更远、跳得更高。所以它既能高跳扣定点高球，又能追球起跳扣低弧度球，有利于控制时间和空间，兼有位置差和空间差的特点，这对突破和避开拦网有较大作用。

（一）动作方法

单脚起跳扣球可采用一步、二步或三步助跑的方式。助跑到最后，可以左脚向扣球点位置跨出一大步，身体重心稍后倾，在右脚向上摆动时，左脚用力蹬地起跳，两臂积极配合上摆（见图4-24），起跳后的扣球动作与正面扣球基本相似。根据运动员习惯，动作可以相反。

图 4-24　单脚起跳扣球动作

（二）技术要点

助跑的路线与球网的夹角宜小，以免造成前冲力过大而碰网或中线犯规。

（三）易犯错误及纠正方法

1. 易犯错误

（1）助跑起跳前冲，击球点保持不好。

（2）上步时间早，起跳早。

（3）击球手法不正确，手未包满，击出的球不旋转。

（4）撤位慢，助跑不外绕，助跑夹角大，造成前冲力过大而触网。

2. 纠正方法

（1）进一步讲解，并多做单脚助跑起跳练习。做限制性练习，如设置障碍物起跳，地上划出起跳点与落点，练习扣固定球、接垫球、多步单脚起跳扣球。

（2）以口令、信号限制起动单脚助跑起跳时间，固定二传弧度练习扣球。

（3）做击固定球、对墙平扣、打旋转球、低网原地扣球练习，练习手腕推压、鞭甩转腕动作。

（4）多做快速撤位、快速上步的单脚助跑起跳练习，多做防守后再外绕单脚助跑起跳扣球练习。

（5）做自抛自扣高球单脚起跳练习，保持好人与球的关系，提高手腕推压技术，做对墙、隔网扣平球练习。

（四）易见伤害及预防措施

1. 易见伤害

（1）膝关节损伤。膝伤以髌骨软骨病、股四头肌外侧头末端病（尤以单脚起跳与落地的练习者最多，如改为双足，多可避免）及半月板骨折与棘突骨膜炎较多。

（2）踝关节急性损伤。主要见于踝关节外侧韧带损伤。尤其在单脚起跳空中扣球后落地的一瞬间，踩到对方或本方球员的脚上的时候，本来就松弛的踝关节外侧韧带，很容易受到张力的过度拉伸而受伤。

（3）腰部肌肉拉伤。由于单脚起跳扣球背伸，脊柱过度屈、伸、扭转，负荷过大，体位姿势如果不正确，可能导致腰肌劳损、腰椎间盘突出等腰部损伤。

（4）其他损伤。单脚起跳扣球也可能发生背部、臀部的挫伤及上下肢其他关节韧带的撕裂伤或扭伤，其中扭伤、骨折和脱位最常见。

2. 预防措施

（1）准备活动充分，在练习中要集中精神，并注意脚底下情况。

（2）正确掌握动作的技术要领，多做徒手模仿练习。

（3）加强自身的身体素质训练，增强腿部肌肉力量。

第六节　气排球运动拦网技术

拦网是队员靠近球网将手伸向高于球网处阻挡对方来球的行动。在气排球比赛中，拦网是防守的第一道防线，可减轻本方后排防守的压力，同时拦网又带有强烈的攻击性，可以直接拦死或拦回对方的扣球。这是比赛中得分的重要手段。在气排球比赛中，拦网对夺取胜利起着极其重要的作用。

拦网既是防守技术，也是进攻技术。在对方球员扣球之前，拦网是被动防守；但当对方球员击球后，拦网队员将对方的扣球拦死、拦回或拦起，则又从被动防守变为主动的进攻技术，所以拦网技术具有攻防两重性。

拦网队员触球后可再击一次球，不算连击，这是拦网技术与其他击球技术的不同之处。

拦网徒手动作简单易学，但结合实战的拦网比较难掌握，尤其是拦各种不同高度、速度及弧度的扣球，要掌握不同的起跳时机和网上空中拦截就更不容易。

拦网技术从动作来看，可分为原地拦网和移动拦网。从拦网的组成形式来看，可分为单人拦网和集体拦网。单人拦网是最基本的拦网技术。

一　单人拦网技术

（一）动作方法

1. 准备姿势

队员面对球网，两脚左右开立，约与肩同宽，距网30~40厘米，两膝微屈，两臂屈肘置于胸前，随时准备起跳和移动。

2. 移动

常用的步法有一步、并步、开叉步、跑步等。无论采用哪种移动步法，都要做好制动动作，以保证向上起跳，避免触网和冲撞同队队员。

3. 起跳

原地起跳时，两腿屈膝，重心降低，随即用力蹬地，两臂以肩发力，在体侧近身处，划弧前后摆动，帮助身体迅速跳起。移动后的起跳，其起跳动作与原地起跳一样，但要注意制动并使移动与起跳动作紧密衔接。

4. 空中动作

起跳时，两手从额前沿球网向上伸出，两臂伸直并保持平行，两肩上提。拦网时，两臂应伸过网去接近球。两手自然张开，屈指屈腕呈半球状。当手触球时，两手要突然紧张，手腕下压盖在球的前上方。

5. 落地

拦球后，要做含胸动作，以保持身体平衡。手臂要先后摆或上提，从网上收回至本方上空，再屈肘向下收臂，以免触网。与此同时屈膝缓冲，双脚落地，随即转身面向后场，准备接应来球或为下一个动作做准备。

单人拦网动作见图 4-25。

图 4-25　单人拦网动作

（二）技术要点

判断移动及时跳，两臂摆动伸网沿。

（1）拦网起跳的时机要比拦排球晚，因气排球的球速慢，过网时间相对稍长。

（2）两手的间距要小于球体，手指张开呈勺形，两手应保持平行。拦网时，双手应贴近球网，以免造成"窝裹"。

（3）手触球时，手腕主动用力下压，使球的反弹角度变小，对方不易保护。拦远网扣球时不用压腕动作，尽量向上伸直手臂、手腕以提高拦网点。为防止打手出界，2号、4号位拦网队员外侧手要向内转。

（三）易犯错误及纠正方法

1. 易犯错误

（1）起跳过早。

（2）手臂扑网。

（3）拦网时身体前冲触网。

（4）拦网时闭眼。

2. 纠正方法

（1）教师根据对方传球的弧度和高度，有节奏地发出信号。限制运动者的起跳时间，或要求运动者深蹲慢起，延长起跳时间。

（2）进一步讲清拦网的伸臂动作，以及提肩压腕动作，严格限制运动者拦网时触网。可采用拦教师高台重扣轻吊结合的球，并要求不许触网。

（3）一般运动者在准备拦网时身体离网较远，造成起跳前触碰网。进一步讲清准备拦网时的网距及其道理，使其克服怕触网的心理。同时可多练习顺网移动的拦网。

（4）克服害怕心理，讲清道理，可采用拦教师高台轻扣变线球的方法，加以纠正。要求运动者观察教师的挥臂动作起跳拦网。

（四）易见伤害及预防措施

1. 易见伤害

（1）手指手腕挫伤。拦网时，要将手伸过球网去拦截对方扣过来的球，一般扣球比较有力量而且速度较快，所以在拦网的时候，如果手指、手腕的力量不足，就可能发生手指、手腕的挫伤。

（2）肘关节韧带拉伤。拦网时，要尽量伸臂过网拦截来球，肘的力量不可忽视，若来球力量较大，对双臂产生较大的冲击力，可能造成肘关节韧带损伤。

（3）膝关节韧带损伤。起跳的冲力较大，如果落地缓冲不好，或者直膝落地，则可能造成膝关节韧带的撕裂甚至断裂。

（4）踝关节韧带损伤。拦网落地时，要控制好身体，做好落地缓冲，否则在落地的时候可能发生脚踝关节的损伤，更应该注意的是不要踩到别人的脚上，因为可能会造成更大的伤害。

2. 预防措施

（1）做好充足的准备活动。

（2）掌握正确的动作要领。

（3）徒手练习为主，熟练后可做结合球的练习，以固定球为主，不要急于求成。

二　双人拦网技术

由前排两个队员互相靠近，同时起跳组成的拦网，称为双人拦网。双人拦网是集体拦网的一种，是比赛中最常用的一种拦网形式，主要在对方大力扣球时使用。拦网的技术动作与单人拦网相同。

（一）动作方法

两队员之间的距离一定要合适，距离太远，起跳后出现空门；距离太近，起跳时互相干扰，致使双方都跳不高。双人拦网起跳时，两人的手臂应该在体前划小弧向上摆伸，都要尽量垂直向上起跳，要防止互相碰撞或干扰。手臂在空中既不能重叠，造成拦击面缩小，又不能间隔太宽，造成中间漏球。扣球靠近边线时，靠边线近的拦网球员外侧的手应适当内转，以防打手出界。

（二）技术要点

双人拦网时，应以一人为主拦队员，另一人为配合队员，但主拦队员不是固定的，一般情况下距对方扣球点近的队员应为主拦队员。主拦队员必须抢先移动到正对扣球点的位置，做好起跳准备，配合队员则迅速移动靠近主拦队员准备同时起跳。

(三)易犯错误及纠正方法

1. 易犯错误

(1)起跳过早或过晚。

(2)拦网时两臂有向前扑打的动作。

(3)闭眼拦网或两人手臂之间距离过大造成漏球。

(4)互相踩脚或两人在空中互相碰撞。

2. 纠正方法

(1)教师给予起跳信号,运动者反复练习起跳时机,包括深蹲慢跳或浅蹲快跳。

(2)正误动作对比示范,在网边反复做原地提肩压腕动作,低网一扣一拦练习,强调收腹动作。

(3)拦网时眼盯球,养成观察球的良好习惯,示范两臂加紧头部的动作或多做拦固定球的练习,网前徒手移动起跳伸臂后不急于收臂,等落地时检查。

(4)多练移动最后一步的制动动作,多练两人移动后合并拦网的起跳配合。

(四)易见伤害及预防措施

同单人拦网,此处不再赘述。

第五章　气排球运动基础战术

　　气排球运动的战术是指运动员在比赛中,根据气排球运动规则和运动规律、比赛双方的具体情况和临场竞赛的变化,合理运用个人技术及集体配合所采取的有意识、有组织的行动。阵容配备要将全队的力量有效地组织起来,扬长避短,最大限度地发挥每一个队员的作用和特长,因此在调配时应综合考虑全队每名成员不同的情况,选择作风顽强、心理素质好、技术与临场应变能力强的成员组成主力阵容,将平时合作默契的二传与攻手安排在相邻的位置上,并努力使各轮次间的攻守力量趋于均衡,以保证整体战术效应的稳定性与成效性;同时,阵容配备还应针对不同的对手进行相应的调整,如根据对方拦网特点配备本方进攻点或进攻方式等,以避免造成拦网或防守上的缺漏。本章根据气排球比赛制式的不同,介绍气排球运动的五人制战术、四人制战术、个人战术。

第一节 气排球运动五人制战术

一 五人制阵容配备

(一)"四一"配备

由四名进攻队员和一名二传队员组成(见图5-1)。其特点是二传与攻手分工明确,进攻点较多,全队只要适应一名二传队员的技术特点,相互间的配合更为默契,有利于战术意图的领会与执行,四名攻手的设置也有利于本方进攻实力与拦网实力的提升,但对二传的体能及分配球的能力也提出了更高的要求,同时还要考虑二传插上后后排防守薄弱这一问题,因此有些队伍会培养接应二传代替其中一名攻手的位置,以解决后场防守与调整球的问题。

(二)"三二"配备

由三名进攻队员和两名二传队员组成,又可根据二传的站位分为两种阵型,其一为二传站于前排3号位和后排5号位(见图5-2),其二为二传站于前排3号位和后排1号位(见图5-3)。这种阵型的特点是二传与攻手的数量及站位分布比较合理,每个轮次均能保证有一名二传队员,且前后场均有二传可以调整球,可以最大限度地防止一传不到位时本方无法有效组织进攻的情况出现，从而保证战术配合的稳定性，但会出现两名二传同时在前/后场区的情况，进攻点的减少也在某种程度上降低了本方的进攻实力，同时也要求二传队员轮到前排时要能攻能传，这有一定的难度，因此这种阵容配备受到了一定的限制。

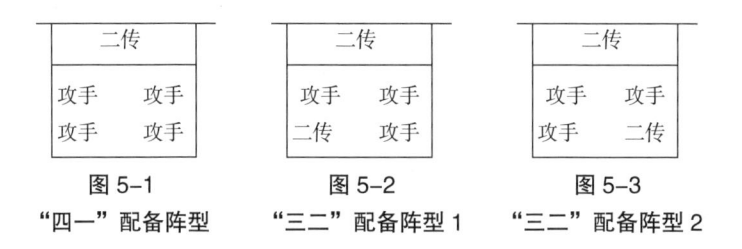

二传	
攻手	攻手
攻手	攻手

图 5-1
"四一"配备阵型

二传	
攻手	攻手
二传	攻手

图 5-2
"三二"配备阵型 1

二传	
攻手	攻手
攻手	二传

图 5-3
"三二"配备阵型 2

二 五人制进攻战术

（一）进攻阵型

根据二传队员的位置分成三种阵型。

1. "中二二"进攻阵型

"中二二"进攻阵型（见图5-4）是五人制气排球战术中最基础、最简单的进攻阵型，是由负责接球的四名运动员将球传至前排的二传队员手中（二传运动员在3号位），再由3号位的二传队员将球传给前排的两名运动员或后排的两名运动员进攻的组织形式。优点：场上二传队员比较明确，攻手多，进攻点多；二传在场上移动距离以及传球距离短；利于组织进攻，一传目标明确、容易。

采用"中二二"进攻阵型时应注意以下两点。

第一，当二传队员轮换到4号、2号位时，应采取换位的方法，把二传队员换到中间位置，以便于组织进攻。

第二，3号位二传队员如果向两边都采用正面传球时，可以居中站位；如果二传队员利用正面长传或背后短传时，站位可接近2号位区。

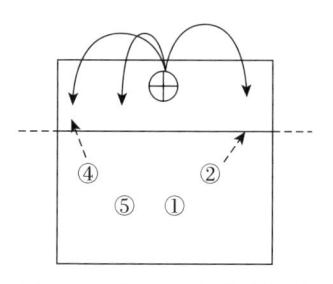

图5-4 "中二二"进攻阵型

2."边二二"进攻阵型

"边二二"进攻阵型（见图5-5）是由负责接球的四名运动员将球传至前排的二传队员手中（二传队员在2号位或4号位），再由二传队员将球传给四名运动员进攻的组织形式。

优点：二传队员明确，传球与进攻配合空间比较大，进攻点多，便于组织不同的进攻战术打法。

不足：由于二传在场上移动距离以及传球距离比较长，对二传队员的传球能力要求相对较高。

采用前"边二二"进攻阵型时应注意以下两点。

第一，二传队员必须主动换位到易于传球的位置上，以便于组织进攻。

第二，二传队员如果组织二传背后的进攻战术打法，站位可以靠近中场，如果组织二传前面的进攻战术打法，站位可以靠近边线位置，从而为攻手提供比较大的进攻跑动空间。

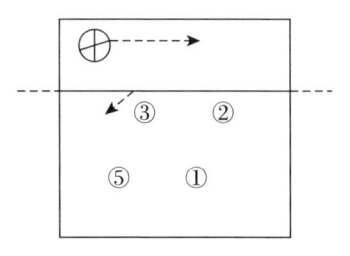

图 5-5 "边二二"进攻阵型

3. "后插二传"进攻阵型

"后插二传"进攻阵型（见图 5-6、图 5-7）是指后排队员插上到前排 2 号或 3 号位担任二传，将球传给其他扣球队员进攻的组织形式。这种进攻阵型多被高水平的球队所采用。

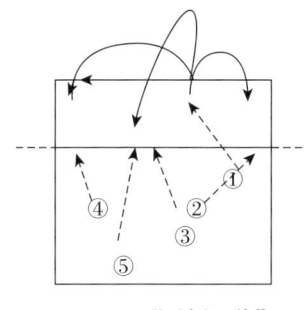

图 5-6 "后插二传"
进攻阵型 1

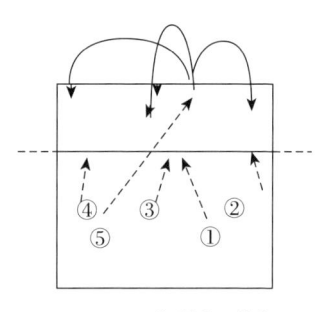

图 5-7 "后插二传"
进攻阵型 2

（二）进攻方法

1. 强攻

强攻指在没有队友掩护而对方有准备拦防的情况下，强行突破的进攻。强攻的二传球较高，根据不同的二传球位置，可以分为集中进攻、拉开进攻、围绕进攻、调整进攻等。

（1）集中进攻。进攻队员扣二传队员向后排左或后排右传出的弧度较高、落点较集中的球，称为集中进攻。这种打法由于难度小，便于扣球队员助跑和挥臂扣球，一般适合初学者和较低水平的球队运用。

（2）拉开进攻。进攻队员扣二传队员传到后排左或后排右的在标志杆附近的球，称为拉开进攻。这种打法充分利用网长，能扣直线和小斜线（见图5-8、图5-9），既利于避开拦网，也便于打手出界。

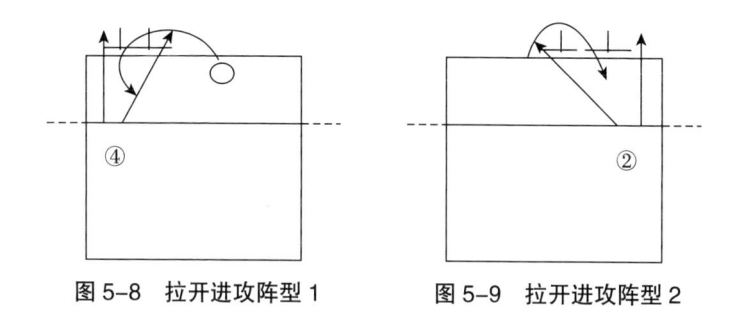

图 5-8 拉开进攻阵型 1　　图 5-9 拉开进攻阵型 2

（3）围绕进攻。进攻队员从二传队员身后绕到前面扣球，称为前围绕进攻（见图 5-10）；进攻队员从二传队员前面绕到身后扣球，称为后围绕进攻（见图 5-11）。围绕跑动换位的目的是充分发挥进攻队员扣球特长和避开对方的拦网。

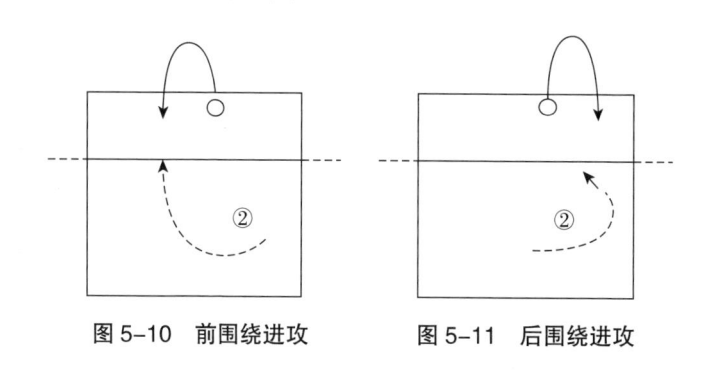

图 5-10 前围绕进攻　　图 5-11 后围绕进攻

（4）调整进攻。当一传不到位，球的落点离进攻线较远时，由二传队员或其他队员将球调整到进攻线后的扣球进攻打法称为调整进攻，这种打法在防守反攻中运用较多，是得分的重要手段之一。扣调整球时，必须有一定的高度和力量才能达到进攻的目的。

2. 快攻

快攻指各种平快扣球及以平快扣球掩护队友进攻或自我掩护进攻所组成的各种快速多变进攻战术的总称。快攻是我国排球的传统打法，具有速度快和掩护作用强的特点，能在时间和空间上发挥优势，有效地突破对方的防御。包括平快扣球进攻、快球掩护进攻两类。

（1）平快扣球进攻。是指在拉开进攻的基础上加快进攻速度的一种扣球进攻打法，即二传传球低或平，与扣球队员的配合节奏快，从时间上造成对方拦网的困难。

（2）快球掩护进攻。一名进攻队员利用各种快球进行佯攻掩护，然后二传队员将球传给其他进攻队员扣球进攻的打法。快球掩护进攻能帮助其他进攻队员摆脱对方集体拦网，造成以多打少甚至空网进攻的机会。气排球中常用的掩护进攻方法有交叉进攻、梯次进攻和立体进攻。

掩护进攻要求：佯攻队员积极跑动进行掩护，二传队员灵活机动进行传球，扣球队员则全力快速跑动实扣，虚实并举，才能起到更好的效果。

方法一：交叉进攻。一名进攻队员快球掩护，另一名进攻队员与其交叉换位后在二传身旁扣半高球（见图

5-12）。这种打法能造成对方两名拦网队员互相阻挡，突然性大、攻击性强、实用性强，所以运用较为普遍。

方法二：梯次进攻。一个队员做快球掩护，另一个队员在其身后扣距进攻线稍远的半高球。如3号位队员做快球掩护，4号位队员从进攻线附近切到3号位队员身后扣半高球（见图5-13）。

方法三：立体进攻。前场区队员在进攻线附近运用各种快攻战术的同时，后场区队员在进攻线稍远处起跳扣球，形成横向纵深的进攻区域。特点：突然性大、攻击力强，易突破退防拦防，是气排球比赛中战术运用的特色之一。

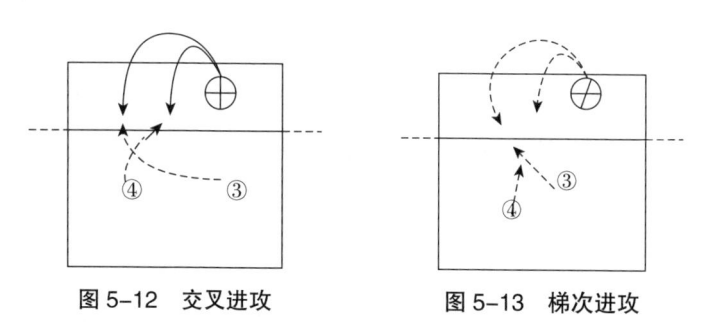

图 5-12　交叉进攻　　　　图 5-13　梯次进攻

3. 两次攻

两次攻包含两次球进攻及转移进攻。

两次球进攻。当一传球较高且落在进攻线附近时，二传队员或其他队员跳起直接进行扣球。这种进攻加快了进攻的速度，改变了进攻的节奏，使对方难以防守。

两次球转移进攻。即佯装进行二次进攻，将对方拦网队员骗起时，将球传给另一侧队友进行进攻。这种战术打法主要是迷惑对方拦网，但由于这种战术对一传的要求较高，技术难度较大，一般在对方发球攻击性小、扣球威力不大或把球垫过来时采用。

三 五人制防守战术

（一）接发球防守

根据接发球的人数分成两种接发球阵型，即4人接发球、3人接发球。一般五人制采用4人接发球阵型。

当对方发球时，本方处于防守地位，也是组织第一次进攻的开始。事先站好位置，摆好阵型，是接好发球的基础。站位的阵型不仅要有利于接球，也要有利于本方所采用的进攻战术。同时，还要根据对方发球的特点，采取不同的阵型。

1. 4人接发球防守阵型

除1名二传队员站在网前或从后排插上准备二传的队员不接发球外，其余4名队员均承担一传任务的接发球防守阵型（见图5-14）。这种阵型有利于学习"中二二""边二二"进攻阵型，是五人制气排球比赛最基本的接发球阵型，初级水平的球队应采用此阵型。

优点：由于落点集中在场地中后区，接发球时4个队员呈浅弧形排开，左右距离较近，一人守一条线，前后互不干扰，便于防守。

不足：前场区空间较大，接网前球困难；要求接发球队员预判能力强，避免接可能出界的球。

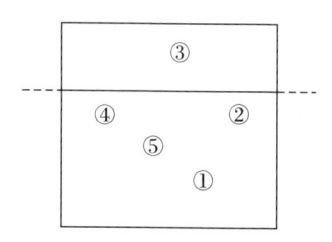

图 5-14　4 人接发球防守阵型

2. 3 人接发球防守阵型

插上的二传队员与同列的前排队员均站在网前不接发球，其他 3 名队员站成弧形（见图 5-15A/B）或一字形（图 5-15 C）承担一传任务的接发球阵型。优点：便于后排插上和不接发球的前排队员及时换位，不易造成队员之间接发球的互相干扰。

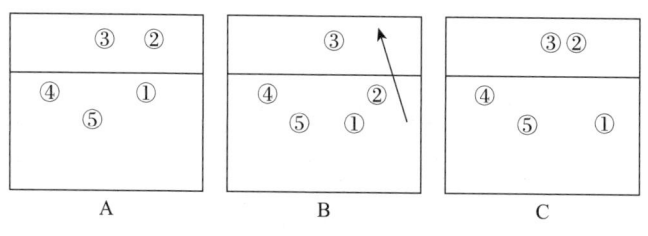

图 5-15　3 人接发球防守阵型

不足：要求3名接发球队员有较高的判断力、移动能力和较好的接发球技术；要求不接发球的队员后撤参与进攻的时机和上前拦网的时机把握要准确，与其他队员配合默契，否则会出现队员挤碰，不能及时形成拦网的情况。这种阵型一般由水平较高、战术意识较强的队伍所采用。

（二）接扣球防守

接扣球防守是由前排拦网与后排防守组合而成。根据参加拦网人数分为无人拦网、单人拦网、双人拦网和三人拦网下的防守阵型。不同形式的拦网各有利弊，一个高水平的球队必须熟练掌握相应的防守形式。组织接扣球防守阵型时，首先要针对对方进攻的特点和变化进行部署；其次要充分发挥本方队员的特长，合理地分配力量；同时还要结合本方防守后反攻战术的打法进行布防。

1. 无人拦网下的防守阵型

无人拦网下的防守阵型是一种最初级、最简单的防守阵型，适用于初学者或在对方进攻无力时采用。其站位方法与4人或3人接发球的站位基本相同，即二传站在网前，其他队员进行防守。当进攻方采用"中二二"进攻阵型时，防守方二传队员在3号位网前，2号位和4号位队员后撤参加中场区防守，其他队员在后场防守；当进攻方采用"边二二"进攻阵型时,防守方二传队员在 2 号位网附近,3 号位和 4 号位队员后撤防守前场区,其他队员防守后场区(见图 5-16)。

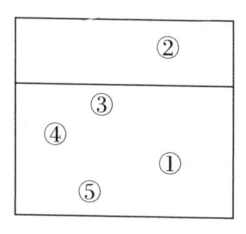

图 5-16 无人拦网下的防"边二二"进攻阵型的防守阵型

2. 单人拦网下的防守阵型

这种阵型一般是在对方进攻威力不大、路线变化不多、轻打吊球较多时,或因受对方战术迷惑,来不及组织集体拦网时采用。其优点是增加了后排防守人数,便于组织反攻;缺点是当对方攻击力较强时,单人拦网力量薄弱。这种防守阵型有两种情况:一是由前排与扣球队员位置相对应的队员拦网,其他前排队员后撤与后排两名队员进行防守的人盯人防守阵型;二是只有前排二传队员跳起参与拦网,后排队员根据对方不同进攻点变换防守位置。以图 5-17A 为例,对方 4 号位队员进攻,本方 2 号位队员拦网,3 号位队员后撤防吊球,4 号位队员后撤与其他队员形成半弧形防守圈,每人负责一个防守区域。

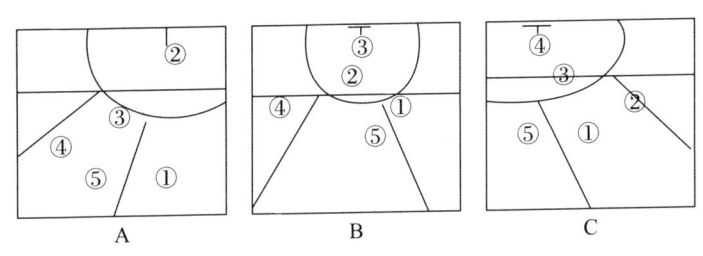

图 5-17　五人制单人拦网下的防"边二二"进攻阵型的防守阵型

3. 双人拦网下的防守阵型

当对方进攻威力较大、进攻路线变化较多、单人拦网不足以阻拦对方进攻时，多采用双人拦网防守阵型。它是接扣球防守中最主要的战术阵型。五人制双人拦网防守阵型一般采用跟进保护和内撤保护防守阵型。

（1）跟进保护防守阵型。根据对手进攻点的不同，3号位队员配合两边的前排队员进行双人拦网，另一名前排队员后撤与1号位和5号位两名后排队员组成防守阵型（见图5-18A）。当对方4号位进攻时，本方3号、2号位队员组成双人拦网，1号位跟进到拦网队员身后防吊球或前场球，4号、5号位防后场球（见图5-18B）；如对方2号位进攻时，本方4号、3号位队员组成双人拦网，5号位队员跟进到拦网队员身后防吊球或前场球，1号、2号位队员防后场球（见图5-18C）。

（2）内撤保护防守阵型。根据对手进攻点的不同，3号位队员配合两边的前排队员进行双人拦网，另一名前排队员后撤与1号位和5号位两名后排队员组成防守阵型。当对方4号位进攻时，本方3号、2号位队员组成双人拦网，4号位队员内撤防吊球，1号、5号位队员防后场球；如对方2号位进攻时，本方4号、3号位队员组成双人拦网，2号位队员内撤防吊球或前场球，1号、5号位队员防后场球。

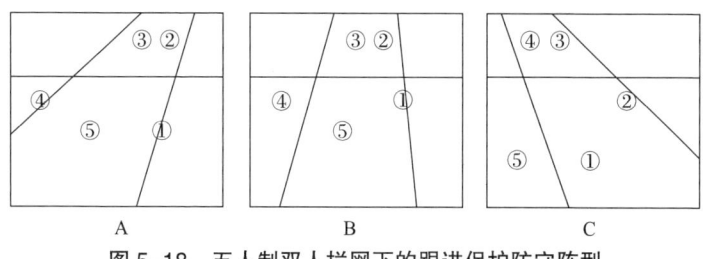

A　　　　B　　　　C

图 5-18　五人制双人拦网下的跟进保护防守阵型

4. 三人拦网下的防守阵型

这种防守阵型只在五人制比赛中，球队拦网技术水平高且队员身材高大的情况下使用。三人拦网下的防守阵型在对方扣球攻击性强、线路变化多、吊球少的情况下采用。三人拦网加强了第一道防线，但增加了后排防守的困难，对组织反攻也有所不便。根据对手进攻点的不同，前排三名队员组成三人拦网，两名后排队员组成防守阵型（见图5-19）。

（三）接拦回球防守

接拦回球防守阵型，应根据本方的进攻战术和对方拦回的情况，以及参加防守的人数来确定。接拦回球一般采用4人、3人等阵型。

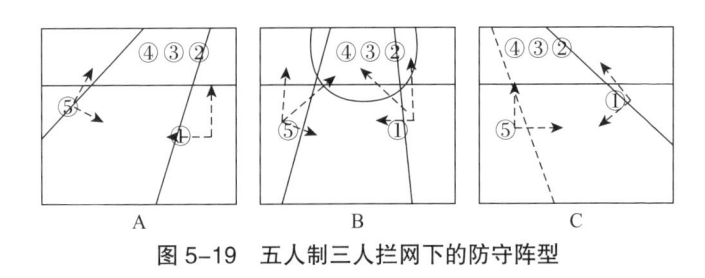

图 5-19 五人制三人拦网下的防守阵型

接拦回球的防守是本方在扣球的同时，其他队员采取一种保护防守的方法。其防守阵型，应根据本方的进攻战术和对方拦回的情况，以及参加防守的人数来确定。本方扣球队员除注意自我保护外，其余队员必须加强保护，尽量组成多道保护防线，积极防起被拦回来的球，并及时组织继续进攻。要根据扣、拦的情况灵活采用不同的站位，但扣球点附近是接拦回球最集中、最困难的地区，应予以重点防守与保护。

4人接拦回球阵型及站位一般采用"二二"站位（见图5-20）。

（四）接传、垫球防守

接对方传、垫过网的球，应根据其运用的时机、条件以及来球性能的差异，采用4人、3人接球阵型站位。一般有以下两种情况。

图 5-20　4 人接拦回球阵型及站位

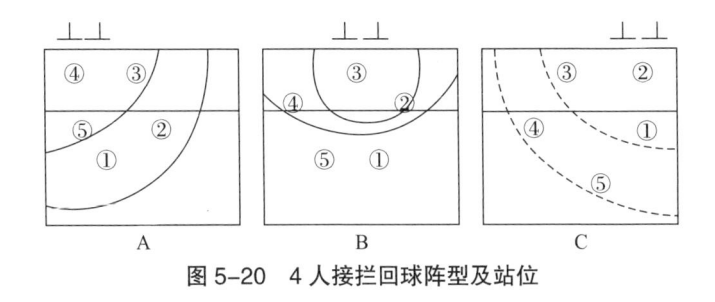

其一，当对方第三次无法组织进攻传球过网时，本方后场区二传队员应提前做出预判，及时插到网前，前排队员迅速后撤或换位，站成 4 人接球阵型，组织多点战术进攻。

其二，当对方一传或二传有意识将球突然传过网时，本方在接扣球的防守阵型的基础上，尽可能组织"边二二"进攻战术，进行快攻战术配合。

第二节　气排球运动四人制战术

四人制比赛由于人数少，基本战术相对较简单，在比赛中采用的战术应以简单实用为主。

一　四人制阵容配备

（一）"三一"配备阵型

"三一"配备阵型（见图 5-21）由三名进攻队员和

一名二传队员组成，其中有一名或为接应二传。这种阵型特点与五人制的"四一"配备阵型比较接近，虽然场上人数减少使队员间的跑动换位相对容易，但对形成专位攻防布局所需的时间、位置要求更高，在快速变化时每名队员负责的区域也相对变大，增加了一定的战术配合难度。由于场地小、球速快，后排插上二传优势不易体现，因此，非高水平队伍较少采用。

（二）"二二"配备阵型

该阵型由两名二传队员与两名攻手组成（图5-22），各轮次二传与攻手配置均衡，较容易掌握与运用，是气排球常采用的阵型，在中、高水平气排球比赛中也经常采用。

二传		二传
攻手　　攻手		攻手　　攻手
攻手（接应二传）		二传

图5-21　"三一"配备阵型　　图5-22　"二二"配备阵型

二　四人制进攻战术

（一）"中三"进攻战术

基本配合方法：由前排3号位队员站在前场区中间担任二传，其他三人将球传（托或垫）给二传队员，再由二传队员传给场上队员进攻（见图5-23）。"中三"进攻战术是四人制比赛进攻战术中最基础和简便的一种进攻战术。

特点：配合简单，便于组织进攻，但突然性、隐蔽性不强，易被对方识破。多为水平较低、未掌握复杂进攻战术的队采用。

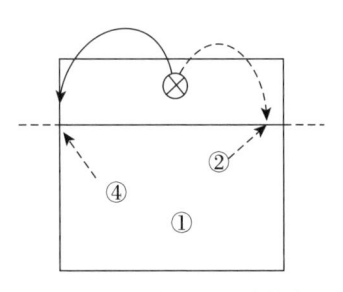

图 5-23 "中三"进攻战术

（二）"边三"进攻战术

基本配合方法：由前排 2 号位队员担任二传，其他三人将球传（托或垫）给二传队员，再由二传队员将球传给场上队员进攻（见图 5-24）。如果二传队员在 3 号位时，可采用换位方法跑到 2 号位。

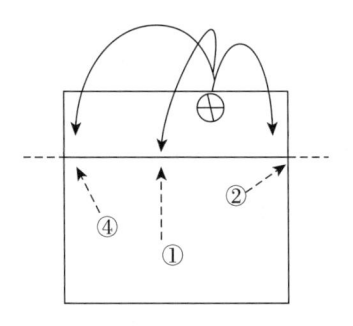

图 5-24 "边三"进攻战术

优点：由于二传站在 2 号位偏中位置，一传目标清楚，同时有二名到三名进攻队员位置相近，可以互相掩护、互相配合，充分利用前场区的空间，组织更多的快速、有效的进攻。

进攻的方法同五人制进攻法。

三　四人制防守战术

（一）接发球防守

根据接发球的人数分成 2 种接发球阵型，3 人接发球（四人制、五人制）、2 人接发球。一般四人制采用 3 人接发球阵型。

3 人接发球站位：除前排二传或插上二传之外，其他 3 名队员站成弧形承担一传任务，如图 5-25 所示。

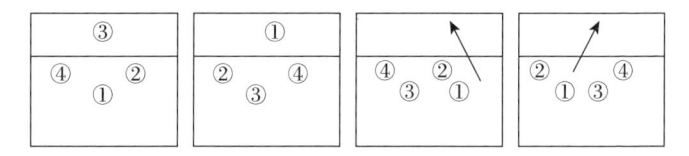

图 5-25　3 人接发球站位

优点：有利于采用"中三""边三"进攻阵型，不易造成队员之间接发球的互相干扰。

不足：3 人接发球防守每人负责的区域较大，对判断、移动等能力要求较高。

2人接发球站位：这种站位要根据本队技术水平和战术需要而采用。由于整个场区只有两名队员接发球，要求一传队员具备较强的接发球能力，目前为水平较高、实力较强的球队所采用。

（二）接扣球防守

根据参加拦网人数分为无人拦网下的防守阵型、单人拦网下的防守阵型、双人拦网下的防守阵型、三人拦网下的防守阵型。不同形式的拦网各有利弊。一个高水平的球队必须熟练掌握相应的防守形式。组织接扣球防守阵型时，首先要针对对方进攻的特点和变化进行部署；其次要充分发挥本方队员的特长，合理地分配力量；同时还要结合本方防守后反攻战术的打法进行布防。

1. 无人拦网下的防守阵型

无人拦网下的防守阵型是一种最初级、最简单的防守阵型，适用于初学者或在对手进攻无力时采用。其站位方法与4人或3人接发球的站位基本相同，即二传站在网前，其他队员进行防守。

当进攻方采用"边三"进攻战术时，防守方二传队员在2号位网前，3号位队员后撤防守前场区，其他队员防守后场区（见图5-26）。

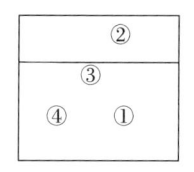

图 5-26 四人制无人拦网下的防"边三"进攻战术的防守阵型

2. 单人拦网下的防守阵型

这种阵型一般是在对方进攻威力不大、路线变化不多、轻打吊球较多时，或因受对方战术迷惑来不及组织集体拦网时采用。其优点是增加了后排防守人数，便于组织反攻；缺点是当对方攻击力较强时，单人拦网力量薄弱。这种防守阵型有两种情况：一是由前排与扣球队员位置相对应的队员拦网，其他前排队员后撤与后排两名队员进行防守的人盯人防守阵型；二是只有前排二传队员跳起参与拦网，后排队员根据对方不同进攻点变换防守位置。

四人制单人拦网下的防守阵型见图 5-27。其中图 5-27A 中情况一般由二传拦网，攻手后撤防守，这样方便二传组织以及攻手进攻。

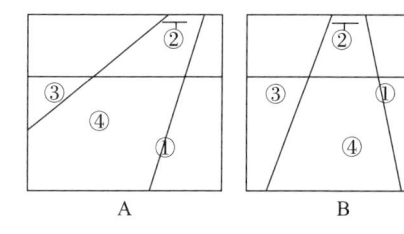

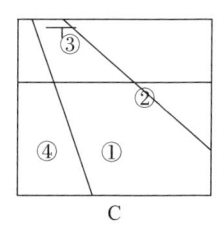

图 5-27 四人制单人拦网下的防守阵型

3. 双人拦网下的防守阵型

当对方进攻威力较大、进攻路线变化较多、单人拦网不足以阻拦对方进攻时，多采用双人拦网防守阵型。它是接扣球防守中最主要的战术阵型。根据不同参赛人数、不同后排队员跟进防守的情况和前排不拦网队员的不同取位，双人拦网下的防守阵型有跟进保护防守阵型和内撤保护防守阵型（见图5-28）。

根据对手进攻点不同，两名前排队员进行双人拦网，后排的两名运动员根据拦网的位置和对吊球的判断进行跟进和内撤，从而达到最佳的防守效果。

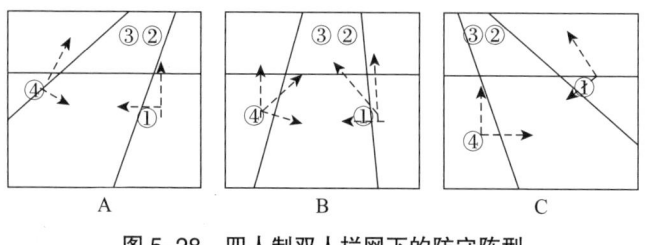

图5-28　四人制双人拦网下的防守阵型

（三）接拦回球防守

接拦回球防守阵型，应根据本方的进攻战术和对方拦回的情况，以及参加防守的人数来确定。接拦回球一般采用3人等阵型。接拦回球的防守是本方在扣球的同时，其他队员采取一种保护防守的方法。本方扣球队员除注意自我保护外，其余队员必须加强保护，尽量组成多道保护防线，积极防起被拦回来的球，并及时组织继续进攻。要根据扣、拦的情况灵活采用不同的站位，但扣球点附近是接拦回球最集中、最困难的地区，应予以重点防守与保护。

3人接拦回球阵型一般采用"二一"或"一二"站位，见图5-29。

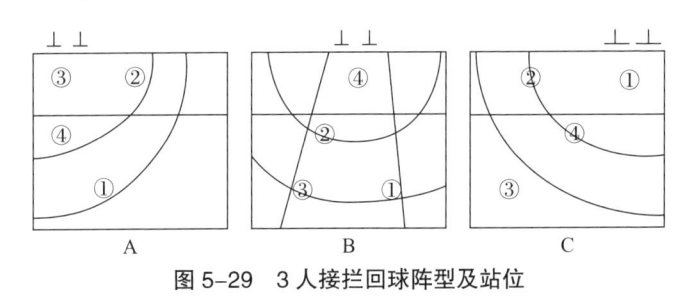

图5-29　3人接拦回球阵型及站位

（四）接传球防守

接对方传（托或垫）过网的球，根据来球情况、运用时机等，可采用3人接球的阵型。一般有以下两种情况。

其一，当对方第三次无法组织进攻传球过网时，本方后场区二传队员应提前做出预判，及时插到网前，前排队员迅速后撤或换位，站成3人接球阵型，组织两点战术进攻。

其二，当对方一传或二传有意识将球突然传过网时，本方在接扣球防守阵型的基础上，尽可能组织"边三"进攻战术，进行快攻战术配合。

第三节　气排球运动个人战术

个人战术是队员在比赛中根据临场情况的变化，有目的、有针对性地运用个人技术的行动。

一　发球个人战术

发球是比赛的开始，更是进攻和得分的主要手段之一。主动进攻是发球的指导思想。发球的攻击性、技巧性和准确性是发球个人战术运用的基础。熟练的技术、良好的体力和心理素质是实现发球战术的保证。

（一）发球前应注意的问题

（1）要观察对方接发球阵型，选择薄弱区域作为攻击目标。

（2）要了解对方接发球个人的弱点，寻找攻击对象。

（3）观察对方二传队员和快攻队员的位置和跑动路线。

（4）要了解对方接不同性能、不同线路发球的适应程度。

（5）了解双方比分增长状况和比赛形势。

（二）发球个人战术应用

（1）拼发球战术。采用大力发球、跳发球、重飘球等攻击性发球，力争得分或破坏对方的进攻战术。这是有实力的球队经常采用的发球战术。

（2）找点发球战术。将球发到对方接发球力量薄弱的区域。据观察统计，将球发到对方后场两个角上效果最好，其次是对方场地的腰部、前区，特别是二传队员的背后。

（3）找人发球战术。找对方接发球差、信心不足，或新换上场的队员作为攻击目标；或者将球准确地发到两人站位的接合部，造成争抢或互让。

（4）变化发球战术。可利用发球性能及力量变化、发球队员站位变化（发球区左右两边或中间、远近）、发球线路变化、发球长短变化来造成对方的不适应。

（5）提高成功率战术。要注意提高发球的成功率，尽量减少失误。特别是在决胜局采用每球得分制，发球失误即失分，甚至直接导致比赛的失败。另外，比赛中连续的发球失误极易影响全队的士气和信心。

二　一传个人战术

为了组织本队的进攻战术而有目的的接发球行动就是一传个人战术。由于各队采取的进攻战术不同，因此对一传的方向、弧度、速度和节奏的要求也不同。

（一）接发球前应注意的问题

（1）熟悉本方的进攻阵型和进攻打法，二传队员的基本位置，确定一传的方向、弧度、速度和节奏。

（2）了解对方的发球特点，确定接发球取位以及和队友的协同配合。

（3）树立信心，仔细观察，充分准备。

（二）一传个人战术应用

（1）初学者应将一传球垫或传到二传队员的头上方，弧度稍高，便于做二传。

（2）采用强攻为主的战术打法时，一传球弧度宜高，以便二传队员移动到位或其他队员调整传球。

（3）采用快攻战术打法时，一传球弧度较平、速度稍快。

（4）采用两次球战术打法时，一传球弧度要高，落点靠近网口，便于二次进攻。

三 二传个人战术

二传队员传球或其他队员做调整二传时，都应注意充分发挥本队火力，避开对方拦网，掩护本方进攻。

（一）传球前应注意的问题

（1）二传队员或其他队员在传球前应充分了解本方队员的位置，每个队员的特点，该轮次的各种战术打法。

（2）了解对方拦网特点。

（3）观察发球和接发球一传状况，及时移动到位。同时要熟知本方队员的跑动路线和进攻准备状况。

（二）二传个人战术应用

（1）一传到位或基本到位时，根据本方队员特点和对方拦网状况，合理地分配球，尽量造成对方无人拦网或单人拦网。传高球时要掌握好集中与拉开，近网、中网、远网或后排，正传或背传，抛物线高与低等。

（2）传球时运用隐蔽动作或假动作，调动对方的拦网队员，形成有利于进攻的突破口，达到避实就虚的目的。

（3）二传队员运用两次进攻或二传吊球吸引对方拦网，达到牵制对方、掩护本队进攻的目的。

（4）处理好困难球。根据临场一传状况，如传球到位或不到位、近网或远网、直冲网口或网下，灵活地采用跳传、低姿传、倒地传、单手传或垫二传，力争组成快攻或强攻。如对冲网的一传高球，利用跳传或单手传，或直接扣两次球、吊球。

（5）调整传球时也可运用侧传、背传、集中、拉开、传前排、传后排的变化来迷惑对方。

四 扣球个人战术

扣球是进攻和反攻成败的主要体现,是一个队实力的综合反映。气排球运动中快球要快、强攻要强、重扣轻打相结合应是扣球的指导思想。

(一)扣球前应注意的问题

(1)扣球前应明确本队的进攻打法和应变措施。应观察一传和二传的情况确定跑动路线、上步时间和起跳地点,主动和队友配合,并根据二传情况,随机应变。

(2)了解对方该轮次拦网、防守特点,拦网队员及后排防守布局情况。

(3)助跑起跳过程中和起跳后要观察拦网队员的动作、手形及场上防守队员的位置变化,寻找攻击线路和攻击点。

(二)扣球个人战术应用

1. 扣球时避开拦网队员的手

(1)运用扣球路线的变化,如扣直线、斜线和小斜线等。

(2)运用近网与远网的变化,使对方拦网者不易判断过网点与时机。

(3)扣吊结合。

(4)熟练运用扣球动作,提早或延迟击球时间。

（5）利用两次球战术使对方不能组成双人拦网。

2. 扣球时利用拦网队员的手，造成对方失误

（1）打手出界。

（2）轻扣球触及拦网队员的手，造成球随拦网队员一同下落。

（3）平打，造成对方拦网触手后落入后区或出界。

（4）运用吊球使球落在对方网前。

3. 根据临场情况采取的扣球战术

（1）根据对方拦网队员的身高和技术情况，避强打弱。如对方二传队员身材矮、弹跳差，就可从这个二传队员拦网的区域进行突破。

（2）找人找点的扣球。将球扣向对方较差的队员或对方站位的空当处。

五　拦网个人战术

拦网既是防守技术，也是进攻手段，拦网时必须加强判断，善于运用隐蔽动作和假动作。

（一）拦网前应注意的问题

（1）要观察对方一传、二传和进攻队员的跑动情况，判断对方的进攻打法和主要攻击点。

（2）了解对方二传队员的特点、快攻节奏和强攻队员特点，从而采取相应的拦网措施。

（3）注意和队友配合拦网，以及和后排队员分工，确定主拦线路。

（二）拦网个人战术应用

（1）站直线拦斜线或站斜线拦直线，运用取位和空中变化迷惑对方。

（2）可制造假象，使对方受骗，或在空中两臂先分开，有意露出中路，引诱对方中路进攻，然后突然阻拦中路。

（3）发现对方想利用打手出界或平打手指时，要及时撤手，使之扣球出界。

六　防守个人战术

在防守时应选择有利位置，采取合理的击球动作，将球有效防起。

（一）防守前应注意的问题

（1）根据对方二传的方向、落点和进攻队员跑动的方向、击球点高低，判断对方进攻的位置和来球落点。

（2）根据对方进攻特点和空中动作，判断对方是重扣还是轻吊。

（二）防守个人战术应用

（1）根据判断，及时移动取位，守住"最危险"的区域。

（2）运用各种击球动作防守起球，力求控制球的高度和落点，使之便于组织反攻。如来球能够控制，要垫给二传队员以便组织快攻或强攻。

第六章　气排球竞赛组织与编排工作

第一节　气排球竞赛组织工作

气排球竞赛的组织工作是推动气排球运动宣传普及和发展的有力措施,是检查教学训练的重要手段。通过气排球竞赛活跃和丰富群众的文化生活,增强体质,培养团结、互助、勇敢、顽强的优良品质和集体主义精神具有重要的意义。

一　组织比赛的基本要求

第一,明确竞赛的目的及要求,确定比赛规模大小。

第二,确定竞赛计划、竞赛日程(时间、地点、参加人员等)。

第三,以地区、学校、系统等为单位比赛时,可按年龄和性别进行分组。

(一)比赛时间的确定

气排球比赛时间不宜过长,要因人、因时、因地制宜。主要考虑几个因素：一是本次比赛所需时间长短；二是比赛时间安排同有关赛事的衔接；三是考虑赛事安排时间与项目特点相吻合；四是要考虑运动员实际情况。

（二）比赛地点的选择

对比赛地点的选择，要综合下列因素进行。

（1）交通、接待条件；

（2）体育设施、场馆条件；

（3）举办地对该项目的兴趣；

（4）考虑与上一级比赛在条件（地点、气候）上的相似性；

（5）注意调动各方举办竞赛的积极性；

（6）从社会效益与经济效益角度考虑。

（三）比赛规模的确定

根据比赛的目的和要求，对一个比赛的规模应当统筹考虑，规模可大可小，要兼顾社会和经济两个效益。比赛规模通常受两方面因素的影响：一是比赛任务制约了比赛规模，二是比赛人数直接体现了比赛规模。

二 气排球竞赛组织机构的设立

竞赛组织机构的规模要和竞赛的规模相适应，比赛可根据具体情况简化组织机构，主要是保证比赛的顺利进行。一般设有如下机构。

（1）办公室：负责大会的行政工作，如秘书、会议、联络、接待、食宿等工作。

（2）竞赛组：负责大会的竞赛工作，如编排竞赛日程、编印秩序册、赛前训练、赛中的比赛安排及赛后的比赛成绩公布。

（3）裁判组：组织裁判学习、实习、执裁，并负责通报竞赛规则、检查场地器材等。

（4）场地器材组：负责场地、器材、设备等准备工作，以保证比赛的顺利进行。

（5）仲裁委员会：负责监督和保证竞赛规程和规则的正确执行，复查比赛中出现的纠纷，保证比赛公正公平。

三　竞赛的工作程序

竞赛工作主要体现在赛前、赛中、赛后三个环节上。

（一）竞赛前的准备工作

（1）成立健全的竞赛组织机构，成立竞赛组织委员会，根据比赛规程确定比赛的规模，制订工作计划，明确分工，紧密配合协调地进行工作。

（2）制定竞赛规程。竞赛规程是组织者和参加者的法规性文件，需提前发送给各有关单位，以便其做好相应的准备。

（3）经费预算。赛前做出本次比赛的经费预算上报给组委会和举办单位，包括食宿、交通、医疗、治安等，做好后勤保障。

（4）安排好工作日程和比赛日程，包括赛前训练、比赛、休息、饮食等的具体时间安排。

（5）准备和检查场地、器材及设备。

（6）审查参赛队与运动员资格。

（7）组织裁判员学习规则，统一认识，进行裁判员分工。

（8）组织开好各种会议，如组委会、领队会、裁判会、教练员联席会等会议。

（二）竞赛期间的工作

（1）开闭幕式的安排。

（2）对场馆、设施、场地的布置进行检查和管理。

（3）比赛中对竞赛过程的组织与控制。

①注意获取比赛中各种反馈信息，控制比赛进程；

②注意协调各部门工作；

③能较好地处理各部门职能分工与协调关系；

④能较好处理大会同运动队之间的关系；

⑤对突发情况有应变处理能力。

（4）及时登记和公布当天的比赛成绩。

（5）编写竞赛简报，搞好宣传报道工作。

（三）竞赛的结束工作

（1）核算比赛成绩，排出比赛名次。

（2）组织好闭幕式和颁奖仪式。

（3）组织好参赛队离会的相关工作。

（4）做好总结，向上级和主办单位汇报。

（5）清理场地、器材和设备。

（6）结算比赛经费，印刷成绩册，发放给参赛单位。

第二节 气排球竞赛编排工作

一 编排工作的基本知识与工作程序

（一）编排工作的基本知识

1. 竞赛编排

指根据参赛队和竞赛规则，按一定的方法编排各队的比赛场次及日程。

2. 轮次

轮次是控制比赛负担量和估算比赛时间的重要参数之一。一般认为，参赛队都相应地赛完一场球即比赛进行一轮。

3. 场数

场数是估计比赛时间和比赛场地的重要参数之一，

即一次赛事总共比赛场数。

4. 节数

节数是比赛时间的计算单位，一般将一天时间分为上午、下午、晚上三节，是估计场地、时间的重要参数之一。

5. 场地容量

场地容量是一块场地在一节时间里可以安排的比赛场数，这是编排工作中的基本量度概念。

6. 抽签

抽签是编排工作中必须采用的一种机遇性手段，也是确定运动队在比赛中所处位置号的一种重要手段。

7. 种子队

种子队的编排方法在淘汰赛中经常运用。为了克服淘汰赛的不合理性，采用种子队编排方法，以保证水平高的队有较大的机遇进入下一轮比赛。

8. 位置号

运动员在竞赛秩序表中所处的位置号码叫位置号。如单循环编排时，1-2、3-4……

9. 竞赛负担量

指一个队根据规则在一定时间的比赛场数（次），这是控制比赛运动量和保证比赛进行的主要依据。

（二）编排工作的基本程序

1. 编制比赛的每一轮比赛秩序

根据特定方法，编制出淘汰或循环制的比赛秩序。

2. 抽签进入自己的位置号

通过抽签等方法，确定运动队所处的比赛秩序中的数字位置，从而明确自己每一轮比赛的对手。

3. 编排竞赛日程

根据公开、合理原则，在准确掌握竞赛的轮数、场数、天数和场地使用情况及运动员运动负荷量等因素后，将比赛秩序日程化，是将比赛秩序落实到具体时段的一种方法。

4. 编印秩序册

秩序册是竞赛工作的指南。秩序册一般包括比赛的竞赛规程、组织委员会名单、办事机构名单、仲裁委员会和裁判委员会名单、运动队名单、活动日程表、竞赛日程表、成绩表等。

二 气排球竞赛制度、编排工作及成绩计算方法

（一）如何选择赛制

在组织一次比赛时，要权衡利弊，选择最佳的竞赛制度。而进行选择一般要考虑五个要素或五个重要的变量：一是完成全部比赛的比赛场次，二是完成全部比赛

所需的时间,三是完成全部比赛所需的场地,四是比赛组织的公平性体现,五是比赛编排的可操作性或客观性体现。

(二)循环制的编排方法

循环制有单循环、双循环、分组循环。循环制的优点是各队比赛场次相同,公平竞争,机会均等,决定名次办法合理,能客观反映队伍成绩;不足之处是比赛场次多,比赛周期长,对人力、财力、物力均有一定要求。

1. 单循环赛

参加比赛的各队之间均相互比赛一次,即为单循环赛。

(1)循环赛的比赛场数计算公式:场数 = 队数(队数-1)/2。

(2)循环赛的比赛轮数计算方法:参赛队为奇数时,比赛轮数等于队数;参赛队为偶数时,比赛轮数等于队数减1。

(3)单循环赛的编排方法。

一般采用"逆时针轮转方法"进行编排,先以阿拉伯数字为代号,代替队名进行编排。把队数按U形走向分成均等的两边,如遇单数队,最后一位数字为0。第一轮只要在U形相对队数之间画横线,即为第一轮比赛秩序。从第二轮开始,固定在左上角的数字不动,其余数字均按逆时针方向移动一个位置,即为该轮比赛秩序。如遇0队即为该轮轮空。表6-1是7个队参加比赛的比赛秩序编排表。

表6-1 7个队单循环比赛的传统编排方法

第一轮	第二轮	第三轮	第四轮	第五轮	第六轮	第七轮
1-0	1-7	1-6	1-5	1-4	1-3	1-2
2-7	0-6	7-5	6-4	5-3	4-2	3-0
3-6	2-5	0-4	7-3	6-2	5-0	4-7
4-5	3-4	2-3	0-2	7-0	6-7	5-6

采用该方法编排的优点是:参赛各队进度一致,编排方法简单,易操作。

2. 双循环赛

参加比赛的各队之间均相互比赛两次,即为双循环制。

双循环赛通常分为两个阶段,由两个单循环赛组成。第二循环的比赛方法可与第一循环完全相同,也可根据第一循环比赛的成绩,采用抽签方式重新确定各参赛队在第二循环中的比赛序号,然后进行编排。双循环比赛秩序编排方法与单循环比赛秩序编排方法相同。

3. 分组循环赛

在参赛队伍较多时经常采用的编排方法。通常分为预赛和决赛两个阶段,预赛是把比较多的参赛队伍先分成若干个小组进行比赛，赛出小组名次；决赛是将预赛中各个小组产生的队伍进行相应的比赛，决出最后名次。

（1）预赛阶段

预赛的分组循环赛的竞赛秩序编排方法一般采用单循环编排方法。为了保证各个小组参赛队伍的水平相对平均，最大限度克服分组的队伍实力不公平现象，通常要设立种子队进行编排。分组循环赛一般按分组数或分组数的2倍数确立种子队。

设立种子队抽签分组时，由种子队先抽签，确定各种子队的组别，然后其他各队再抽签进入各个组别。不设立种子队进行抽签分组时，可根据上届比赛名次进行"蛇形"编排，如16个参赛队分成A、B、C、D 4个组，进行"蛇形"编排分组（见表6-2）。

表6-2 "蛇形"编排法分组

第一组	第二组	第三组	第四组
1	2	3	4
8	7	6	5
9	10	11	12
16	15	14	13

（2）决赛阶段

决赛阶段比赛可以有多种不同的编排方法，包括同名次赛、循环赛、淘汰赛及淘汰附加赛（具体详见混合制编排方法）。

4.循环制比赛日程的编排

依据排好的比赛秩序表，再按规程规定的方法将数字换成队名，然后填于秩序表中，最后编好比赛日程表（见表6-3）。编排日程表时要尽力做到各队的比赛场地和比赛时间机会均等。

表6-3 比赛日程

日期	时间	组别	比赛队	场地
4月21日	8：00	男	汽车—商管	1
	9：00	男	化学—法学	2
	10：00	男	电子—通信	3
	11：00	男	考古—机械	4

5.循环制成绩计算方法

（1）胜一场得2分，负一场得1分，弃权得0分，按积分多少决定名次。积分多者名次列前。

（2）如遇两队或两队以上积分相等，按计算C值的办法决定名次，C值高者名次列前：C值=A（胜局总数）/B（负局总数）。

如C值仍相等，则按计算Z值的办法决定名次，Z值高者名次列前：Z值=X（总得分数）/Y（总失分数）。

（三）淘汰赛

淘汰赛主要是在参赛队数较多，比赛时间短且比赛场地极缺乏时采用。其具有强烈的对抗性，输一次即失去比赛的资格，不利于锻炼队伍。目前，基层气排球比赛的参赛队数多，经常采用淘汰赛制。淘汰赛通常分为单淘汰赛和双淘汰赛两种。

1. 单淘汰赛

运动队按排定的秩序进行比赛，胜队进入下一轮比赛，负队淘汰，赛至最后一场比赛胜者为冠军，负者为亚军，即为单淘汰赛。单淘汰赛比赛秩序的编排（8个队）如图6-1所示。要决出第3、第4名和其他名次，可增设附加赛（见图6-2）。

图6-1　8个队单淘汰赛比赛秩序

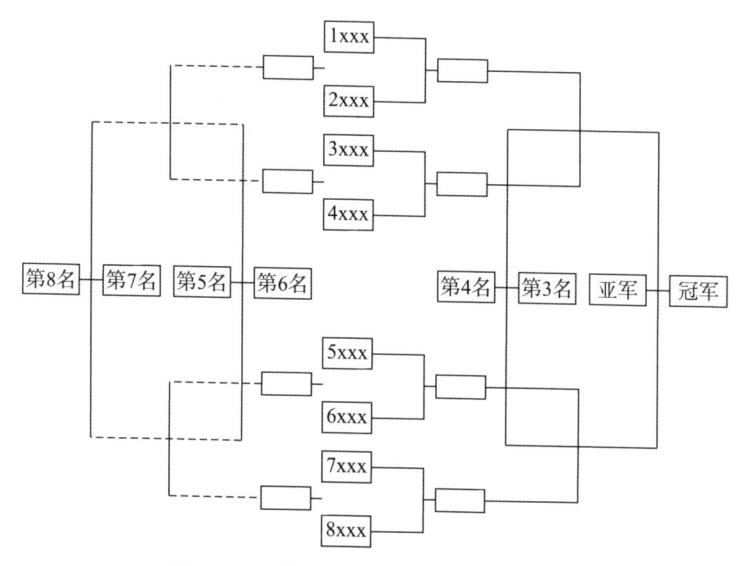

图 6-2　8 个队单淘汰赛附加赛比赛秩序

（1）单淘汰赛比赛场数。等于参赛队数减 1，如 8 个队参赛则比赛场数等于 7 场。

（2）单淘汰赛轮数计算方法。计算方法为 2 的乘方数即为比赛轮数（通常选择参赛队数最接近的 2 的乘方数）。如 8 个队参赛为 $8=2^3$，即比赛 3 轮；30 队参赛为 $32=2^5$，即比赛 5 轮；14 个队参赛为 $16=2^4$，即比赛 4 轮。

（3）单淘汰赛编排中如何设定种子队。单淘汰赛虽有对抗性强、容量大、节约时间等优点，但在理论和实践上表现出一系列不合理性，最突出的是比赛偶然性大，因此，比赛中常用设立种子队的方法来保证一些队不在前几轮中就被淘汰。种子队一般由排名在前的队担任，种子队的数目一般是参赛队数的1/6或1/12。种子队在编排中的具体位置可以通过查找"种子队位置表"获得。

（4）单淘汰赛如何确定"轮空"队位置。当参赛队不是2的乘方数时，则须安排一部分具体数字的位置"轮空"，目的是使第一轮比赛队数正好是2的乘方数，以克服单淘汰赛比赛场次的不完整性。轮空数目等于编排采用的数字位置减去参赛队数。如14个队比赛则16-14=2，即有2个轮空数。轮空队在编排秩序中所占的具体数字位置可以通过查找"轮空位置表"获得。

例如，14个队比赛编排方法：首先设立2个种子队，通过查表，获得编排秩序中具体数字1、16分别是种子队所处位置；其次确定轮空数为2个，通过查表，分别获得秩序表中具体数字2、15是轮空位置。具体比赛秩序见图6-3。

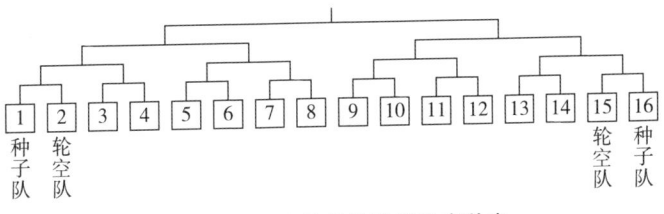

图6-3 14个队单淘汰赛比赛秩序

2. 双淘汰赛

运动队按照排定的秩序进行比赛，失败两次才被淘汰，为双淘汰赛。

（1）双淘汰赛的场数计算：比赛总场数 =2X-3（X 为参赛队数）。

（2）双淘汰赛的编排方法：见图 6-4、图 6-5。

不交叉法便于解决同单位的队伍过早相遇问题，交叉法主要是解决两队重复比赛现象。

（四）混合制

混合制是结合淘汰赛制和循环赛制的一种竞赛办法。

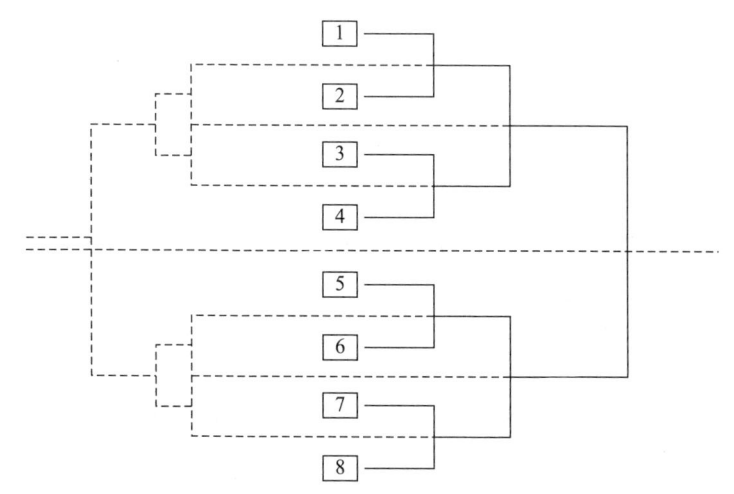

图 6-4　不交叉编排方法

```
         ┌─ 1
         ├─ 2
         ├─ 3
         ├─ 4
         ├─ 5
         ├─ 6
         ├─ 7
         └─ 8
```

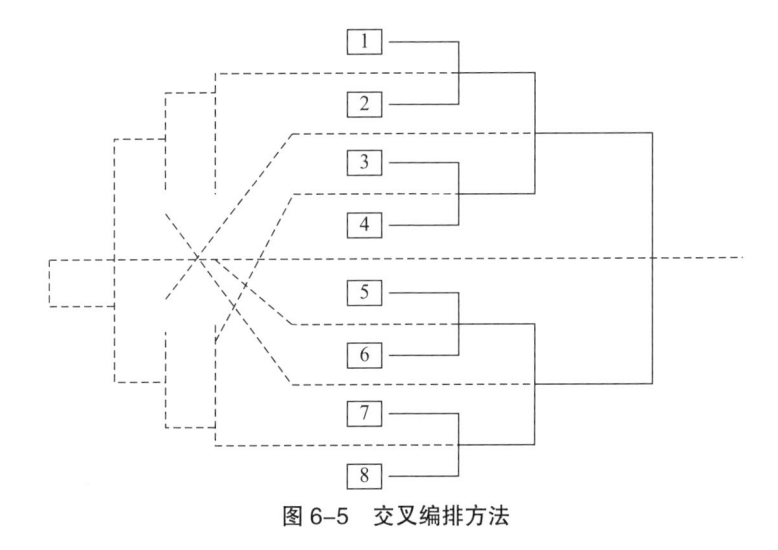

图 6-5　交叉编排方法

在气排球比赛中常见的有如下几种。

（1）第一阶段。先分组进行单循环比赛：将参赛队分为若干个组，进行单循环赛，决出各个小组名次。当队数超出 12 队时，经常采用分组单循环比赛方法。

（2）第二阶段交叉决赛办法。在第一阶段循环赛的基础上进行第二阶段决赛。第一阶段各个小组前 2 名交叉决出 1~4 名，各小组 3、4 名决出 5~8 名，以后名次决赛办法依此类推。第一天先进行交叉赛，第二天胜者同胜者、负者同负者决赛。具体编排方法见图 6-6。

（3）第二阶段佩奇制决赛办法。在第一阶段各小组名次基础上举行的第二阶段决赛办法，比赛编排方法见图 6-7。

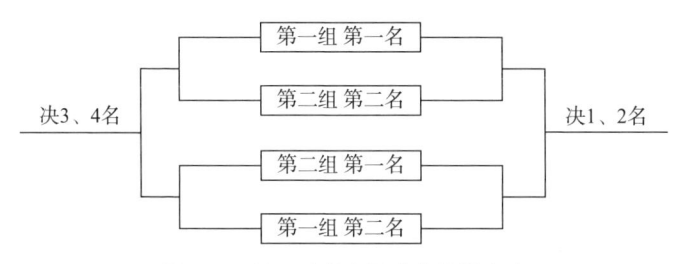

图 6-6　第二阶段交叉决赛编排方法

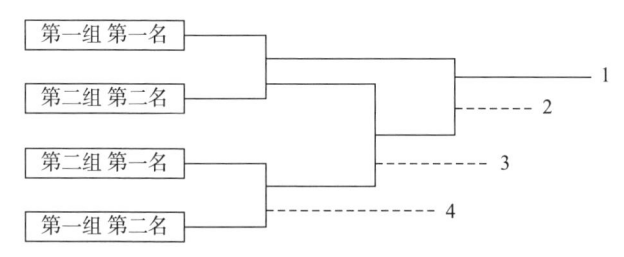

图 6-7　第二阶段佩奇制决赛编排方法

第七章 气排球竞赛规则与裁判法

第一节 气排球竞赛规则的发展

一 气排球竞赛规则概述

气排球比赛具有场地小、球网低，球轻而软、球速慢等特点，因此增加了趣味性，深受广大球迷的喜爱，是实现全民健身的重要方法和手段。气排球运动规则与排球运动规则相近。气排球是每队有 4~5 名参赛运动员，两队在球网两侧，室内、室外（无风）均可进行的比赛运动项目。其主要用手或手臂进行击球，身体的其他部位也可以击球。比赛的方式是各队遵守规则，将球击过网，使其落到对方场区，并阻止其落到本方场区内。比赛由发球开始，球越过球网击向对方场地，直至球落到对方场区内、出界或触及障碍物，不能合法地将球击回对方为止。每队可击球三次将球击回对方场地，一名队员不得连续击球两次（拦网除外）。比赛一般采用三局两胜制，先得 21 分为胜一局。

二 对气排球发展有重大影响的规则修改条文

自1984年气排球运动开展以来，随着参与者的条件和气排球特性的改变及发展的需要，气排球规则也在不断地修改：一是促进气排球运动技、战术的发展；二是提高气排球比赛的观赏性和连续性；三是保证参与者的安全，避免伤害事故。

1986年，呼和浩特铁路局老职工根据前一年在推广过程中发现的气球重量轻、定向差、传托不到位等问题，将场地由5米×10米扩大为6米×12米，场上队员由4人增至5人，增加球体重量，确定球网高度男子为2米，女子为1.8米，并初步拟定了一套比赛规定。

1991年10月，我国制定了《气排球竞赛规则》。2005年，由于之前的规则相对比较简单，在比赛实践中常常出现规则中未涉及的情况，中国老体协结合气排球比赛的实践与需求，制定了《老年气排球竞赛规则》，就场地面积、球网高度、比赛用球做了具体规定，并对比赛方法和比赛行为进行了修订。为控制运动量和赛时，规定比赛采用三局两胜制，先得21分为胜一局，当比分为20∶20时，先获得21分即获胜该局；为避免一人大力发球而连续得分，规定每名队员只能发一次球，当发球队胜一球时，必须轮换发球；为保证攻守平衡，队员在前场区击球，球过网时，必须有明显的弧度；不能过网拦网等。

2012年3月，随着气排球参与人群层面的扩大，为了提高气排球比赛的观赏性、连续性，进一步促进技、战术发展，中国老体协又对2005年的规则做出了调整。为适应不同年龄群体的需要，增加了其他年龄组的网高，男子为2.0~2.1米，女子为1.8~1.9米；明确了场上队员的前、后（左、右）关系，并应根据其脚的着地部位判定；放宽了对过中线、触网的判罚；对拦网的定义做了新的说明，取消了"被动阻挡"、"手腕、前臂不得主动用力下压"及"特殊击球"等条款，增加了"对方所有的进攻性击球（前排或后排的球）均可拦网"；对在前场区进攻性击球的弧度提出了更明确的要求："球的飞行轨迹没有高于击球点，球过网时没有明显向上的弧度（包括水平飞过网），均判为进攻性击球犯规"；为使击球后的飞行速度变慢，利于防守，规定球的气压为0.16~0.17千克/厘米^2；为使比赛更精彩，第三局（决胜局）以先得到15分同时超过对方2分的球队获胜，当比分为14∶14时，比赛继续进行至某队领先两分为止。

随着气排球运动的快速发展，参与人群层面的不断扩展，全国统一、规范的气排球竞赛规则出台成为一种迫切需求。中国老体协、国家体育总局社体中心、中国排球协会召集各方专家，历时两年，总结原有气排球运动发展经验，继承、归纳原有规则的经验与优点，在2013年11月正式出版了由中国气排球协会审定的我国第一部《气排球竞赛规则》。这部规则考虑到参赛者的年龄、体能、心理、运动量等需求，为充分发挥他们的技、战术空间，调动自身能力，做了如下设置：老年人采用五人制比赛，其他年龄组可以采用四人制比赛；出于保护老年人安全，避免伤害事故，规范了对触网犯规和过中线犯规的判罚；进一步明确了参赛者的责任和权利，同时，加大了对不良行为的判罚；等等。

第二节 气排球主要竞赛规则与裁判方法

一 比赛的特性与方法

（一）比赛的计分方法

1. 得 1 分

比赛采用每球得分制。当某队使球成功地落在对方场区、对方犯规或对方受到判罚，即为该队得一分。

2. 胜 1 局

比赛前两局以先得21分为胜一局，先得21分的队即胜该局，目前基层比赛都根据此规则执行（2016年"超级杯"分区赛则规定比赛前两局比分为20∶20

时，比赛继续进行直至某队领先2分，才算该队胜了该局）。如果1:1平局，决胜局以先得15分并超过对方2分的队获胜（如当比分为14:14时，应打到16:14或17:15为止）。任何一方得到8分时交换场地。

3. 胜1场

比赛采用3局2胜制，胜2局的队为胜1场。如果1:1平局，进行决胜局。

4. 弃权与阵容不完整

（1）弃权。如某队被召唤后拒绝比赛或无正当理由未准时到场时，则宣布该队为弃权。对方以每局21:0的比分和2:0的比局获胜。

（2）阵容不完整。如某队被宣布1局或1场比赛阵容不完整时，则输掉该局或该场比赛，应给予对方该局或该场比赛所得的分数和局数。阵容不完整的队保留其所得分数和局数。

比赛结果由第一裁判员负责裁定宣布。

（二）比赛的组织

1. 抽签

比赛开始前和决胜局比赛前，第一裁判员主持双方队长参加抽签，决定第一局或决胜局发球的队和场区。第二裁判员跟随参加抽签。

抽签获胜的一方可以在发球或接发球、场区中选择其中一类后，另一方挑选余下部分。

2. 准备活动

两队合练 5 分钟。第一裁判员宣布活动时间。

二 比赛者的权利和义务

（一）队长的权利和义务

队长应在记分表上注明，且应有队长标志。比赛开始前，队长在记分表上签名并代表本队抽签，应对全队成员的行为和纪律负责。如被换下场时，可指定另一名队员担任场上队长，代其行使职权。比赛中，仅有场上队长在成死球时可以请求对规则和规则的执行进行解释，如对裁判员的解释不满意，可以选择抗议并立即向第一裁判员声明，保留其在比赛结束时将正式抗议写在记分表上的权利；请求核对双方队员的位置；请求检查地板、球网和球等；请求暂停和换人。比赛结束时，队长要感谢裁判员并在记分表上签名承认比赛结果。

（二）教练员的权利和义务

教练员可以在教练员活动区站立或走动，进行场外指导，但不得干扰或延误比赛。比赛前，教练员在记分表上登记和检查队员姓名、号码并签名；每局比赛前填写上场队员位置表，签名后交第二裁判员或记录台。比赛中，可以请求暂停和换人。

三 场上位置

（一）场上位置

发球队员击球时，双方队员（发球队员除外）必须在本场区内按轮转次序站位。

1. 场上队员位置

五人制：5名队员场上位置排列为前排3人，即2号位（右）、3号位（中）、4号位（左）；后排2人，即5号位（左）、1号位（右）；为同排队员。2号位、1号位及4号位、5号位的队员为同列队员（见图7-1）。

4	3	2
	5	1

图7-1 五人制场上队员位置

四人制：4名队员位置排列为前排2人，即2号位（右）、3号位（左）；后排2人，即1号位（右）、4号位（左）；为同排队员。2号位（前）、1号位（后）及3号位（前）、4号位（后）为同列队员（见图7-2）。

3	2
4	1

图7-2 四人制场上队员位置

2. 位置的判定

同排队员站位规定如下。四人制前排右（左）边队员至少有一只脚的一部分，比同排左（右）队员的双脚距右（左）边线更近。后排右（左）边队员至少有一只脚的一部分，比同排另一名左（右）边队员的双脚距右（左）边线更近。五人制前排右（左）边队员至少有一只脚的一部分，比同排中间队员的双脚距右（左）边线更近。后排右（左）边队员至少有一只脚的一部分，比同排另一名左（右）边队员的双脚距右（左）边线更近。

（二）位置错误犯规

发球队员击球瞬间，双方队员不在规定的位置上，则构成位置错误犯规。判断时应注意：（1）位置错误只有在发球击球瞬间才可能构成；（2）双方队员的场上位置，应根据其脚的着地部位确定；（3）发球犯规与对方位置错误同时发生，则判发球犯规。发球后犯规（如界外球、发球未过网、发球掩护等），而对方出现位置错误，则判位置错误犯规。

判罚：由第一裁判员（视发球队员）和第二裁判员（视接发球队员）共同负责裁定，队员的相互位置关系依据场上位置表所确定的队员位置关系而确定。判发球犯规或对方位置错误犯规，失1分，队员立即恢复正确位置。

四 发球

（一）发球的定义

后排右（1号位）队员在发球区将球击出而进入比赛的行动为发球。

发球的允许：第一裁判员检查发球队员已握球在手并且双方队员已做好比赛准备后，则鸣哨发球。

（二）发球犯规与判断

1. 发球击球时犯规

（1）发球次序错误。发球次序应按照位置表上的顺序进行。发球队胜一球或接发球队胜一球时，均须按顺时针方向轮转一个位置发球。未按照正确的发球次序发球，则判发球次序错误。

判罚：主要由记录员发现该犯规。记录员应在球发出后立即鸣哨中断比赛并报告第二裁判员。第一裁判员如确认犯规，也可鸣哨判罚。判发球队失1分，然后让该队恢复正确位置。记录员如能准确地确定在发球次序过程中的得分，则取消该队在误发过程中所得分数，对方得分有效；如记录员不能确定发球次序错误从何时发生，则只给一次犯规的判罚。

（2）发球时球未抛起或球未离开手就击球，则判球未抛起犯规。

判罚：由第一裁判员负责裁定，判发球犯规失1分并失掉发球权。

（3）发球区外发球。发球队员在击球或起跳击球时，不得踏及场区（包括端线）和发球区以外地面，否则判发球区外发球犯规。发球队员在击球前允许在发球区外助跑，但击球（或起跳）时应在发球区内。击球后发球队员可以踏入场内或踏出区外。

判罚：由第一裁判员和同侧的司线员负责裁定，判发球犯规失1分。

（4）发球8秒钟犯规。第一裁判员鸣哨后8秒钟内发球队员必须将球击出，否则判发球8秒钟犯规。发球队员将球抛起或撤离后，球未触及发球队员身体任何部位而落地，裁判员应允许其再次发球，但两次发球的时间应连续计算在8秒钟时间内（包括发球队员未发，换由另一队员发球）。

判罚：由第一裁判员负责裁定，判发球犯规失1分。

（5）双手击球或单手将球抛出、推出。

（6）球抛起后，在下落时触及发球队员身体任何部位。

2. 发球击球后犯规

（1）发球未过网。球触及发球队员或球的整体没有从过网区内通过球网的垂直平面，均为发球未过网。

判罚：由第一裁判员裁定，判发球犯规失1分。

（2）界外球。球接触地面部分完全在界线以外；球触及场外物体、天花板或非场上比赛成员等；球触及标志杆、网柱或标志带以外网、网绳等；球的整体或部分从过网区以外过网；球的整体从网下穿过。以上情况均判界外球。球触及比赛场区的地面（包括界线）为界内球。

判罚：由第一裁判员、第二裁判员、司线员共同负责裁定，判发球犯规失1分。

（3）发球掩护。发球时，发球队队员个人或集体密集站位或挥臂跳跃、左右移动以阻挡、遮挡球的飞行路线，且发出去的球从他或他们上空飞过，则构成个人或集体发球掩护犯规。

判罚：由第一裁判员负责裁定，判发球队犯规失1分。

五 击球时的犯规与判断

（一）四次击球

比赛中每队最多连续触球3次（拦网除外），将球从球网上沿击过，如超过3次击球则判四次击球犯规。不论队员主动击球还是被动触球，均算该队员击球一次。

判罚：由第一裁判员负责裁定，第二裁判员协助判定，判犯规队失1分。

（二）持球

队员必须将球击出，不得接住或抛出，击出的球可以向任何方向弹出，否则判持球犯规。判断时应注意：（1）清楚击球与持球间的区别，击球是一个单一的动作，而持球犯规是使球在手上停滞后再抛出，而不是清晰地击出；（2）进攻性击球时，吊球是允许的，但触球必须清晰；（3）队员在拦网时有握球或抛球的动作，裁判员必须判其持球。

判罚：持球只由第一裁判员负责裁定，判犯规队失1分。

（三）连击

一名队员连续击球两次或球连续触及其身体的不同部位（拦网和同一动作时除外），均判连击犯规。判断时应注意：（1）在第一、第二、第三次击球时，允许身体不同部位在同一个动作中连续触球；（2）要排除在拦网一个动作中球迅速而连续触及一名或更多的拦网队员的情况，拦网后即使是集体拦网触过球的队员仍可再做一次击球；（3）判断连击犯规应以视觉判断为主，要看清击球一瞬间是否造成连击犯规，而不用考虑击球前、后的动作。

判罚：由第一裁判员负责裁定，第二裁判员协助判定，判犯规队失1分。

（四）借助击球

队员在赛场内借助队友或其他物体的支持进行击球，为借助击球犯规。判断时应注意：（1）一名队员可以拉住或挡住另一名即将造成犯规的同队队员（如触网、过中线等）；（2）队员击球后拉住网柱、挡板、裁判台等保护动作，不算犯规。

判罚：由第一裁判员负责裁定，第二裁判员协助判定，判犯规队失1分。

（五）同时击球

对方队员或同队队员可以同时触球。

同队的两名（或三名）队员同时触到球时，被记为两次（或三次）击球（拦网除外）。如果只有其中一名队员触球，则只记一次。

如果是两名不同队的队员在网上同时触球，比赛继续进行，获球一方仍可击球3次。如果该球落在某场区之外，则判对方击球出界。

判罚：由第一裁判员负责裁定，第二裁判员协助判定，判犯规队失1分。

六　进攻性击球犯规与判断

除发球和拦网外，所有直接击向对方的球都是进攻性击球,包括扣球、吊球,第一、第二、第三次击球,以及本队队员间进行配合的有过网趋向的传球等。进攻性击球时,球的整体通过球网垂直面(包括触及球网后再进入对方场区)或触及对方拦网队员的手,则认为完成进攻性击球。

(一)过网击球

在对方进攻性击球前、后或击球时,本方队员在对方空间触及球,则为过网击球犯规。

判罚:由第一裁判员负责裁定,判犯规队失1分。

(二)前场区进攻性击球犯规

在前场区,完成进攻性击球、击球过网时没有明显向上的弧度(包括平行飞过网的球),即判定为前场区进攻性击球犯规。

对对方的进攻性击球拦网时,拦网动作改为击球动作,且球整体过网时没有明显向上的弧度,应判进攻性击球犯规。

判罚:主要由第一裁判员判定,判犯规队失1分并失掉发球权。

(三)击发球犯规

无论在前场区或后场区,不能对对方的发球(在球的整体高于球网上沿时)完成进攻性击球,否则,判为犯规。

判罚:由第一裁判员负责裁定,判犯规队失1分并由对方继续发球。

七 球网附近的球

（一）球过网的规定

球的整体必须通过球网上空的过网区进入对方场区。过网区是球网垂直面，其范围：下至球网上沿，两侧至标志杆及其延长线，上至天花板。

（二）球触球网的规定

球通过球网时可以触网；球入网后，可以在3次击球内再次击球。

判罚：主要由第一裁判员进行判罚，球过球网时司线员进行协助，判犯规队失1分。

八 球网附近的队员

（一）过中线

1. 五人制

队员除脚以外，身体任何其他部位触及对方场区为犯规。

比赛中断后队员可进入对方场区，因此必须清楚地判断是先成死球还是先过中线。

2. 四人制

比赛进行中队员整只脚越过中线并接触对方场区

时,为过中线犯规。判断时应注意:(1)队员的一只(两只)脚部分越过中线触及对方场区的同时,身体其余部位接触中线或置于中线上空是允许的;(2)与对方有身体接触不一定妨碍对方的合法击球试图,而没有身体接触也可能造成妨碍。

判罚:过中线犯规主要由第二裁判员负责裁定,发现犯规后立即鸣哨并做出手势;第一裁判员同样有权判定;判犯规队失1分并失掉发球权。

(二)触网

1. 五人制

触网即是犯规,在比赛过程中任何情况下都不得触网。

2. 四人制

在比赛进行中,队员触网不是犯规,但以下干扰比赛的情况除外:(1)击球时,触及球网上沿的网带;(2)触及球网以上的80厘米标志杆;(3)击球时借助球网的支持;(4)造成了对本方有利;(5)妨碍了对方合法的击球试图。

判断时应注意:(1)队员击球后,在不干扰比赛进行的情况下,可以触及网柱、网绳和网全长以外的任何其他物体;(2)球被击入球网时造成网触及队员的,不判犯规;(3)成死球后队员触网,不判犯规。

判罚：第一裁判员负责观察进攻队及双方队员网上沿触网犯规，第二裁判员负责观察双方队员在网上沿以下触网犯规；判犯规队失1分。

九　拦网犯规

（一）拦网定义

拦网是队员靠近球网，在球网处阻挡对方进攻性击球的行动。与触球点是否高于球网无关，但触球时必须有身体的一部分高于球网上沿。只有前排队员可以拦网。

完成拦网：触及球的拦网行动被认为完成拦网。允许拦网队员的手过网拦网，但必须在对方进行攻击性击球后才能触球。

（二）拦网犯规的判断

1. 过网拦网

（1）五人制：对方队员进攻性击球前、击球时或击球后，拦网队员在对方空间拦网触球，则判过网拦网犯规。

（2）四人制：对方进攻性击球前或击球时在对方空间拦网触球为过网拦网犯规。

判罚：只由第一裁判员负责裁定，判拦网队犯规失1分。

2. 后排队员拦网

后排队员靠近球网，在高于球网处阻拦对方来球并触及球，为后排队员拦网犯规。判断时应注意以下几点。

（1）当后排队员参加集体拦网时，虽然本人未触球，但集体拦网成员中的任一队员触及了球，即被认为参加集体拦网的队员都触及了球，因此也被判定为后排队员拦网犯规。

（2）当后排队员在球网附近、低于球网上沿触及了对方来球时，不能判定为后排队员拦网犯规。

（3）造成后排队员拦网犯规的一般是后排插上队员，因此，对后排插上队员应特别注意。

判罚：由第一、第二裁判员共同负责裁定；第二裁判员发现后应立即鸣哨并做出犯规手势；判犯规队失1分并失掉发球权。

3. 拦发球

拦对方发过来的球为拦发球犯规。只要队员在球网附近高于球网上沿阻挡对方发过来的球，不论拦起还是拦死，只要触球即为犯规。

判罚：由第一裁判员负责裁定，判犯规队失1分并由对方继续发球。

十　界内、界外球的规定与裁判方法

（一）界内、界外球的规定

1. 界内球

球触及比赛场区的地面包括界线为界内球。

2. 界外球

（1）球接触地面的面积完全在界线以外；（2）球触及场外物体、天花板或非场上的成员等；（3）球触及标志杆以及标志杆以外的球网、网绳或网柱；（4）球的整体从网下穿过；（5）球的整体或部分从过网区以外过网。

（二）对界内、界外球的裁判方法

（1）对界内、界外球，第一、第二裁判员根据自己的位置和职权范围做出相应的判断。

（2）司线员对界内、界外球应做出判断并出示相应的旗示。

（3）击球时，球的整体或部分从过网区外进入对方无障碍区，队员可以将球从同侧非过网区击回，对方不得阻碍。

十一　比赛间断

（一）正常的比赛间断

正常的比赛间断有"暂停"和"换人"。由教练员或队长用正式手势在死球时、第一裁判员鸣哨前发出请求。

1. 暂停

（1）在每局比赛中，每队最多有两次暂停，每次时间为 30 秒。

（2）一次或两次暂停与双方各一次换人相连续，中间无须经过比赛。

（3）暂停时，队员必须离开比赛场区到球队席附近的无障碍区。由第二裁判员掌管，第一裁判员也有权掌管。

2. 换人

（1）五人制比赛每局每队最多可换 5 人次。四人制比赛每局每队最多可换 4 人次。同一个队未经比赛过程不得连续请求换人，但在同一次换人中，可换 1 人或多人。

（2）换人时所换队员不受位置限制，可任意换人。

（3）特殊换人：因队员受伤或生病不能继续比赛时，首先进行合法换人，如果不能进行合法换人才采取特殊换人。特殊换人不计入合法换人的次数，任何队员均可替换受伤队员，但受伤队员不可在本场比赛中返回赛场。

由第二裁判员负责裁定，第一裁判员也有权裁定。

（二）例外的比赛间断

1. 队员受伤

比赛中如出现严重伤害事故，裁判员应立即鸣哨中断比赛，允许医务人员进入场地。该球重新开始。处理时应注意：（1）首先应进行合法替换，如不能，允许进行特殊换人；（2）如特殊换人不能进行，则给予受伤队员5分钟的恢复时间；（3）如5分钟后仍不能进行比赛，则该队被宣布阵容不完整。

2. 外界因素

比赛中出现任何外界干扰（如非比赛球滚入场内、杂物被抛进场内等），应立即中断比赛，该球重新开始。

3. 拖延比赛

任何意外的情况阻碍比赛时（如室外遭暴风雨、网柱或网绳断裂、照明灯断电等），第一裁判员、比赛组织者和主管委员会成员共同采取措施恢复比赛。处理时应注意以下几点。

（1）一次或数次间断时间不超过2小时。

原场地恢复比赛：间断的一局保持原比分、原队员和原场上位置，已结束的各局保留比分。

换场地恢复比赛：间断的一局应取消，但保持该局开始时的阵容和位置，已结束的各局保留比分。

（2）一次或数次间断时间超过 2 小时，全场比赛重新开始。

（三）不符合规定的间断请求

（1）超过规定次数的暂停。

（2）超过规定次数的换人。

（3）同一队未经比赛过程再次换人。

（4）其他无权成员提出间断。

（5）第一裁判员鸣哨发球的同时或之后请求间断。

判断时应注意：以上不符合规定的请求，如不影响和延误比赛，应予以拒绝，不判罚；但如果在同一局中再次出现，则判"延误比赛"犯规。

判罚：由第二裁判员拒绝，第一裁判员判罚，判犯规队失 1 分。

十二 延误比赛

（一）定义

一个队拖延比赛继续进行的不正当行动为延误比赛。

（二）延误比赛的类型

（1）换人延误比赛。换人队准备上场队员未按要求做好换人上场准备（穿好服装、拿好换人牌），并在教练提出请求后未及时跑向换人区。

（2）在裁判员鸣哨恢复比赛后，拖延暂停时间。

（3）同一局中再次提出不符合规定的请求。

（4）球队成员拖延比赛顺利进行：场上队长向裁判员持续询问；其他队员向裁判员询问；发球队员拖延发球时间。

（5）请求不合法的替换。

（三）延误比赛的判罚

只有第一裁判员才可对延误比赛进行判罚。延误比赛的判罚见表7-1。

表7-1 延误比赛判罚等级

种类	发生次数	违反者	判罚	牌	结果
延误	第一次	同队的任一成员	延误警告	手势、黄牌	不予判罚，防止重犯
	第二次（及其后的多次）	同队的任一成员	延误判罚	手势、红牌	失1分

1. 延误警告

一场比赛中，对某一队的第一次延误比赛给予黄牌"延误警告"犯规，不予判罚，防止重犯。

2. 延误判罚

一场比赛中，同一队任何一名队员或其他成员出现第二次及其后的多次延误犯规，则判"延误判罚"犯规，由第一裁判员出示红牌，判犯规队失1分。

十三　不良行为以及判罚

（一）轻微的不良行为

不判罚，但第一裁判员有责任用手势或口头通过场上队长给予警告，防止该队再次发生导致判罚的不良行为。对轻微不良行为的警告分为两种。（1）通过场上队长给予警告。（2）向相关队员出示黄牌，并记录在记分表上，无其他判罚。这个正式的警告本身不是判罚，但是标志着相关队员已达到判罚的程度。

（二）给予处罚的不良行为

1. 三类给予处罚的不良行为

第一裁判员根据球队成员对裁判员、对方队员、同队队员或观众等不良行为，按程度分为三类。

（1）粗鲁行为：违背道德准则或文明举止。

（2）冒犯行为：诽谤、侮辱的言语或形态，或有任何轻蔑的表示。

（3）侵犯行为：人身攻击、侵犯或威吓等行为。

2. 处罚的等级

（1）判罚。对于任何成员的粗鲁行为给予球队失1分判罚，出示红牌，对方得1分。

（2）判罚出场。同一成员在一场比赛中的第二次粗鲁行为、某成员第一次出现冒犯行为，判罚出场，即取消一局比赛资格，裁判员一手持红、黄牌。该成员不得继续参加该局的比赛。教练员如果被判罚，则失去该局的指挥权。

（3）取消比赛资格。同一成员在一场比赛中的第三次粗鲁行为或冒犯行为、某成员第一次出现侵犯行为，即取消比赛资格，裁判员一手持红牌、一手持黄牌。任何成员被取消比赛资格，必须立即进行合法的替换，离开比赛控制区，不得继续参加该场的比赛。

（三）处罚的实施

（1）不良行为的判罚是针对个人的，对全队比赛有效，记录在记分表上。

（2）同一成员在同一场比赛中重犯不良行为时，按判罚等级加一级判罚（该成员接受的判罚要重于前一次）。

十四　局间休息与交换场区

（一）局间休息

第一局结束后休息 2 分钟，决胜局前休息 3 分钟。

（二）交换场区

第一局结束后，比赛队交换场区。

决胜局（第三局）中，当某队先得 8 分时，两队交换场区，不休息，队员在原来的位置上继续比赛。如果未能及时交换场区，一经发现立即交换场区，保留两队已得分数。

十五 气排球裁判员的鸣哨和手势与旗示

裁判员的鸣哨和手势与旗示是对比赛的裁决,是比赛有序进行的保障。

(一)鸣哨

1. 比赛中鸣哨

在比赛中,只有第一和第二裁判员可以鸣哨。

(1)第一裁判员鸣哨指示发球,开始比赛。

(2)第一裁判员和第二裁判员确认犯规并判明其性质,鸣哨中止比赛。

2. 比赛中断期间鸣哨

在比赛中断期间,第一和第二裁判员可以鸣哨表示同意或拒绝某队的请求。

3. 哨的选择

应备用单音哨和双音哨各一只供选择,以避免与其他赛场哨音相同,也可作为备用哨。

4. 不同哨音的语言含义

(1)发球、发球失误、发球直接得分时,鸣哨要清脆、短促。

(2)击球时、触网、过中线、位置错误等犯规时,哨音要重而脆,并且要稍长一些。

（3）赛前召集双方队长、比赛开始与结束、请求暂停、换人、宣布准备活动开始或结束等，鸣长哨音。

（二）手势与旗示

裁判员鸣哨中止比赛后，应立即以法定手势表明判决情况。

如果是第一裁判员鸣哨，他应指出：应发球的队、犯规的性质、犯规的队员（必要时）。第二裁判员重复其手势。

如果是第二裁判员鸣哨，他应指出：犯规的性质、犯规的队员（必要时）。跟随第一裁判员指出发球队。

手势与旗示的使用要求如下。

（1）裁判员只能用法定手势而避免使用其他手势。但在特殊场合，一些辅助手势可以使队员更加清楚裁判的意图。

（2）当第二裁判员鸣哨判罚犯规时（如球出界），一定要注意手的方向与犯规队一致，左方的队员使球出界出左手示意，右方的队员使球出界出右手示意。另外，在出示手势前，裁判员位置要移动到犯规队一方。

（3）裁判员鸣哨必须及时，手势也要坚决果断。裁判员的决断不能受观众及队员的干扰和影响；当裁判员自己意识到或经别的裁判员提醒认识到判断错误时，要立即对错误进行纠正。

（4）司线员旗示所展示的信息对参赛者和观众而言非常重要，第一裁判员一定要非常关注。当司线员判断错误时，第一裁判员可以进行纠正。司线员要时刻关注球的移动路线，尤为关注触手出界的判断。

（三）裁判员的法定手势（旗示）

1. 发球队伍发球

一裁、二裁手臂平举指向发球的队伍（见图7-3）。

图7-3　裁判员指向发球队伍手势

2. 允许发球

一裁鸣笛后，手平举屈臂指向发球方向（见图7-4）。

图7-4　允许发球裁判员手势

3.比赛两队交换场地

一裁手臂屈臂在身体前后交换（见图7-5）。

图7-5 交换场地裁判员手势

4.比赛暂停

一裁、二裁一只手屈臂抬起，掌心向下，另一只手指尖向上放置掌心。手势完毕后，指向暂停队伍方向（见图7-6）。

图7-6 比赛暂停裁判员手势

5. 比赛换人

一裁、二裁两臂屈肘，半握拳在胸前绕环（见图7-7）。

图 7-7　比赛换人裁判员手势

6. 不良行为的判罚

一裁一手持黄牌举起（见图7-8）。

图 7-8　不良行为判罚裁判员手势

7. 判罚运动员离场

一裁一手持红牌举起（见图7-9）。

图 7-9　判罚运动员离场裁判员手势

8. 取消比赛资格

一裁一手持红牌、黄牌举起（见图 7-10）。

图 7-10　取消比赛资格裁判员手势

9. 一局、一场比赛结束

一裁、二裁双手在胸前交叉，两手自然伸开，手心向内（见图 7-11）。

图 7-11　一局一场比赛结束裁判员手势

10. 发球时未抛球

一裁一臂慢慢举起，掌心向上（见图7-12）。

图 7-12　发球时未抛球犯规裁判员手势

11. 发球延误

一裁举起双手显示八个手指，掌心向前（见图7-13）。

图 7-13　发球延误裁判员手势

12. 发球掩护或拦网犯规

一裁、二裁两臂上举，掌心向前（见图7-14）。

图 7-14　发球掩护或拦网犯规裁判员手势

13. 位置轮换错误

一裁、二裁一个手指在体前绕环（见图 7-15）。

图 7-15　位置轮换错误裁判员手势

14. 界内球

一裁、二裁手臂与手指指向地面（见图 7-16）。

图 7-16　界内球裁判员手势

15. 界外球

一裁、二裁两臂屈肘向后上举，掌心朝向身体（见图 7-17）。

图 7-17　界外球裁判员手势

16. 连击

一裁、二裁举起两个手指并分开，掌心向前（见图 7-18）。

图 7-18　连击裁判员手势

17. 四次击球

一裁、二裁举起四个手指并分开，掌心向前（见图

7-19）。

图 7-19　四次击球裁判员手势

18. 队员触网或发球未过网

一裁、二裁手触摸犯规队员一侧的网（见图 7-20）。

图 7-20　队员触网或发球未过网裁判员手势

19. 过网

一裁手置于球网上空，掌心向下（见图 7-21）。

图 7-21　过网裁判员手势

20. 进攻性击球犯规

一裁手臂上举屈臂向下摆动（见图 7-22）。

图 7-22　进攻性击球犯规裁判员手势

21. 球员进入对方场地或球从网下通过

一裁、二裁用手指向中线（见图 7-23）。

图 7-23　球员进入对方场地或球从网下通过裁判员手势

22. 双方犯规

一裁两臂屈肘，竖起拇指（见图 7-24）。

图 7-24　双方犯规裁判员手势

23. 触手出界

一裁、二裁用一个手掌触碰另一个屈肘上举的手指指尖（见图 7-25）。

图 7-25　触手出界裁判员手势

24. 延误警告和判罚

一裁两臂屈肘举起，用一只手掌遮盖另一手腕，掌心面向身体（警告），或用黄牌指手腕（见图7-26）。

图 7-26　延误警告和判罚裁判员手势

25. 司线员旗示

（1）界内球旗示：向下举旗（见图7-27）。

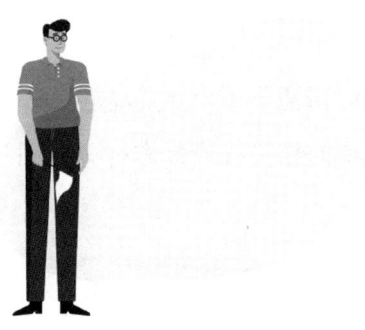

图 7-27　界内球司线员旗示

（2）界外球旗示：向上举旗（见图7-28）。

图 7-28　界外球司线员旗示

（3）触手出界：一手举旗，另一只手置于旗顶（见图 7-29）。

图 7-29　触手出界司线员旗示

（4）发球时脚犯规或球触标志杆等：一只手摇晃旗帜，另一只手指向相关线或标志杆（见图 7-30）。

图 7-30　发球时脚犯规或球触标志杆等司线员旗示

（5）司线员无法判断：两臂向前交叉（见图7-31）。

图 7-31　司线员无法判断旗示

第三节　气排球裁判员的主要工作职责和临场分工与配合

一　气排球裁判员的主要工作职责

气排球正式比赛的裁判员队伍由第一裁判员和第二裁判员各一名、两名司线员和一名记录员组成。另配有司分员、播音员等辅助人员。

（一）第一裁判员的工作职责

第一裁判员的位置一般处于高于球网的裁判台上，他的视平线必须高出球网上沿约50厘米。他的工作职责如下。

1. 赛前工作职责

（1）主持临场裁判员、司线员、辅助人员的工作会议。

（2）检查场地、器材、比赛用球和队员的比赛服、用具等。

（3）主持抽签，掌握准备活动时间（分练、合练）。

（4）向第二裁判员、司线员提出具体配合要求。

（5）核对记分表上的队员号码是否有误。

（6）入场仪式前，向技术代表请示比赛是否开始。

（7）主持入场仪式。

（8）介绍裁判员后，进入工作位置。

（9）观察第二裁判员和记录员核对队员场上位置、双方队长号码，明确前、后排队员位置等。

（10）记录员和第二裁判员用双手上举表示工作就绪后，鸣哨发球。

2. 赛中工作职责

比赛中对以下犯规进行判定。

（1）发球犯规、发球队位置错误犯规，包括发球掩护。

（2）比赛击球犯规。

（3）触及球网和高于球网的犯规。

（4）进攻性击球犯规。

（5）过网拦网犯规。

（6）过中线进入对方场区犯规。

（7）球的整体从网下空间穿越犯规。

（8）后排队员拦网犯规。

3. 赛后工作职责

（1）主持退场仪式。

（2）接受双方队长、教练员的致谢。

（3）督促双方队长签名。

（4）如果队长声明抗议，可以提出申诉，第一裁判员登记在记分表上。

（5）致谢合作的裁判员。

（6）检查记分表并签名。

4. 第一裁判员应注意的问题

（1）第一裁判员站在裁判台上执法，在比赛过程中必须保持与其他裁判员（第二裁判员、记录员、司线员）的合作，并赋予他们在其职责范围内工作的权利。举例如下。

①鸣哨成死球时，第一裁判员应迅速环视一下其他裁判员，再用规定手势做出最终判定。

②当球击在界线附近时，第一裁判员首先要观察相关司线员的旗示。第一裁判员有更改其他裁判员判断的权利，但须慎重。

③比赛期间，第一裁判员一定要时常观察第二裁判员（尽量在每次死球和发球哨鸣哨前），第二裁判员在必要的时候可能做出四次击球、连击等的提示。

（2）对触手出界的判断主要由第一裁判员和司线员

负责，当球通过拦网队员或后排防守队员飞出界外时，第一裁判员应观察司线员的旗示再做出最终判断。

（3）第一裁判员应保证第二裁判员和记录员有足够的时间完成其管理和登记工作。

（4）第一裁判员可以改变他自己或其他裁判员的判定。如果已做出判定（鸣哨）之后看到其他裁判员（第二裁判员、司线员或记录员）有不同的判断，则按照如下原则做出判定。

①如果确定自己是正确的，就坚持判定。

②如果意识到自己错了，就改变判定。

③如果认为是双方犯规，应做出重新比赛的判定。

④如果认为其他裁判的判定是错误的，可以改判。

⑤如果第一裁判员发现某一裁判员不能胜任其工作，须将其撤换。

（5）只有第一裁判员有权对不良行为进行判罚。如果其他裁判发现任何不良行为，可以向第一裁判员示意并上前据实报告，由第一裁判员决定是否处罚。

（二）第二裁判员的工作职责

第二裁判员的位置在第一裁判员对面，记录台前约3平方米的无障碍区中。其主要工作职责如下。

1. 赛前工作职责

（1）参加临场裁判员、司线员、辅助人员的工作会议。

（2）检查场地、器材、比赛用球，丈量网高，整理标志杆、标志带、球网，检查比赛控制区的物件摆放。

（3）核对记分表、队员姓名和号码。

（4）收取位置表，分别交给记录员。

（5）介绍裁判结束后，掌握比赛用球（决胜局时要掌管球）。

（6）开局前核对场上位置无误。

（7）与记录员联系是否准备就绪，将比赛用球发给发球队员，双手上举示意第一裁判员准备完毕（每次比赛中断都应按此程序进行）。

（8）开局前、决胜局交换场地后或必要时，检查场上队员的实际位置是否与位置表相符。

2. 赛中工作职责

（1）协助第一裁判员对其近端的"触手出界"和明显的"连击""持球""四次击球"犯规的判断，但只做手势不得鸣哨。

（2）监督记录员工作。

（3）掌握暂停和换人的次数，并将第2次暂停和第5次（五人制）或第4次（四人制）换人通知第一裁判员和有关教练员。

（4）发现队员受伤，可允许特殊替换或5分钟的恢复时间。

（5）检查比赛场地地面条件（主要是前场区）、比赛用球是否符合比赛要求。

（6）对下列犯规鸣哨并做出手势。

①接发球队的位置错误；

②队员触及球网下部和第二裁判员一侧的标志杆；

③队员网下穿越进入对方场区和空间；

④后排队员拦网犯规；

⑤球触及场外物体；

⑥球的整体或部分从过网区外过网，飞入对方场区，或触及他一侧的标志杆；

⑦第一裁判员难以观察时，球触及地面。

3. 赛后工作职责

（1）督促双方队长签名。

（2）在记分表上签名。

4. 第二裁判员应注意的问题

（1）第二裁判员必须具备与第一裁判员相同的技能，第一、第二裁判员要进行交流、沟通，做到彼此心中有数，第二裁判员知道第一裁判员什么时候最需要自己帮助。

（2）第二裁判员应认真履行规则赋予的责任和权利，发现其职责内的犯规必须鸣哨判罚。

①第二裁判员做所有的手势时必须站在下一个接发球方。

②对于靠近第二裁判员一侧的触手出界，应主动配合，手势不宜过大，以第一裁判员能看见而其他人看不见为好。

③第二裁判员不要经常做持球、连击、四次击球的手势，这样会干扰第一裁判员的判断，也会被球队发现从而造成不必要的麻烦，除非是背对第一裁判员的犯规，可以小手势提示，不得坚持。

④比赛中，第二裁判员哨音要响亮、及时。

（3）在网附近的来回球中，第二裁判员专注于拦网一方的触网犯规、过中线犯规，以及其他违反行为。

（4）第二裁判员应随时注意比赛前和比赛中队员的位置与位置表是否一致。比赛开始时，第二裁判员要以位置表为依据，与记录员一起对队员的站位表仔细核实，确认之后向第一裁判员示意。

（5）第二裁判员必须注意，无障碍区必须无障碍，能引起队员受伤害的物品都要清理干净。

（6）暂停时，第二裁判员应注意以下几点。

①确定队员回到球队席附近；

②必要时检查记录员工作；

③接收或向第一裁判员提供某种信息。

（7）第二裁判员在比赛结束后应检查记分表并签名。

（三）记录员的职责

记录员位置：坐在第一裁判员对面记录台处。

1. 赛前工作职责

（1）按照规定程序登记比赛和比赛队的情况，包括队员的姓名、号码，并由双方队长和教练员签名。

（2）根据位置顺序表登记各队的开始阵容。

2. 赛中工作职责

（1）记录得分。

（2）掌握各球队发球次序，在球队提出询问发球次序时，及时、准确地告知发球队或发球队员，如果发现错误应在发球后立即通知裁判员。

（3）以手势认可换人的请求，掌握并登记暂停和换人次数，并通知第二裁判员。

（4）每局结束及决胜局8分时，向裁判员宣布。

（5）记录各种判罚和不符合规定的请求。

（6）在第二裁判员指导下登记其他事项，如特殊换人、恢复时间、被拖延的间断、外因造成的间断等。

3. 赛后工作职责

（1）登记最终结果。

（2）如果有队伍提出抗议的情况并得到第一裁判员同意后，允许队长将有关抗议的内容写在记分表上。

（3）自己在记分表上签名后，取得双方队长和裁判员签名。

（四）司线员的职责

两名司线员的位置：各站在第一裁判员和第二裁判员右侧非发球区的两个场角端，距场角 0.5~1 米处，各自负责其一侧的端线和边线。

（1）用旗按旗示执行其职责。

（2）当球落在自己负责的线附近时，示意"界内"或"界外"。

（3）触及接球人身体后的出界，示意"触手出界"。

（4）示意球触及标志杆、发球后球从过网区外过网等。

（5）发球队员脚的犯规。

（6）队员击球时或干扰比赛的情况下，触及他一侧的标志杆。

（7）球从标志杆外过网并进入对方场区或触及他一侧的标志杆。

（8）在第一裁判员询问时，重复旗示。

二 气排球裁判员的临场分工与配合

裁判员在临场执行裁判工作中为防止误判，必须加强预判、合理取位、抓住关键、明确分工、密切配合。在每次死球时,要相互环视交流,以加强判断的准确性。尤其是当裁判员判断不一致时,第一裁判员应慎重、迅速、果断地做出最后判定,必要时可与其他裁判员交换意见,做出判定。

(一)扣球与拦网时的配合

第一裁判员:应重点负责扣球一方上沿和近端犯规情况。其目光应先是集中在拦网队员的手上,余光注意扣球队员的击球,再随球移动。

第二裁判员:应重点负责拦网一方球网上沿以下及近端犯规情况。其目光应先由下至上,再由上至下,并在球网和中线稍做停留,再把目光迅速转向击球方向。

(二)发球时的配合

第一裁判员:主要负责发球队是否犯规,发球一方的位置错误和发球掩护等。第二裁判员:注意负责接发球一方的位置错误。

(三)球飞向第二裁判员一侧无障碍区时的配合

第二裁判员应快速移动到球飞向的对面,协助司线员判断球的整体或部分是否从延长空间进入对方无障碍区,也可防止第二裁判员干扰队员击球。

(四)请求暂停或换人时的配合

第一裁判员在暂停和换人时,应给予记录员足够的登记时间，待其登记完毕示意后，再鸣哨继续比赛。

当第一裁判员鸣哨发球时或鸣哨发球后，第二裁判员不得允许某队请求暂停或换人，如第二裁判员错误地鸣哨，第一裁判员应拒绝，并立即恢复比赛。

换人时，第二裁判员确认后即鸣哨、取位并做手势，联络记录员（是否合法，合法举单手）。替换登记完毕后，记录员向第二裁判员举双手示意，第二裁判员再向第一裁判员示意。

暂停时，第二裁判员确认后立即鸣哨并做出手势，联络记录员（是否合法）。暂停时间到则鸣哨示意队员入场，必要时将暂停次数通知教练员，第二裁判员再向第一裁判员示意。

（五）不符合规定请求时的配合

在第一次没有影响和延误比赛时，第一、第二裁判员应予以拒绝。

在同一场中再次发生时，应由第一裁判员予以"延误判罚"（红牌），记录员登记在记分表上。

（六）延误比赛时的配合

在第一次出现延误比赛时，第一裁判员予以"延误警告"（黄牌），记录员登记在记分表上。

在同一场中再次发生时，应由第一裁判员予以"延误判罚"（红牌），记录员登记在记分表上。

局前和局间的"延误判罚",记录员登记在下一局中。

三 气排球裁判员临场工作程序

(一)比赛前的工作

所有裁判成员至少应提前半小时到达比赛场馆,进行各项比赛准备。

1. 赛前准备会

由第一裁判员负责召集,相互介绍并提出具体要求。

2. 赛前检查

第一和第二裁判员在赛前20分钟应进入比赛场地,对比赛的器材和设备进行检查,司线员进行协助。

3. 正式比赛的仪式(赛前10分钟)

(1)赛前10分钟,裁判员检查球网的高度、松紧度、标志杆和标志带的位置。

(2)赛前9分钟,第一裁判员召集双方队长在记录台选边。

(3)赛前8分钟,正式准备活动。第一裁判员鸣哨,并做出开始正式准备活动的手势。正式准备活动为两队合练5分钟。裁判员检查比赛球、记分表、队员服装和所有其他比赛用(包括备用)的器材。裁判员向司线员提出工作要求。

(4)赛前6分钟,第二裁判员把有教练员签名的位置表交给记录员并在记分表上进行登记。两队的教练员应把第一局的位置表交给裁判员。

（5）赛前3分钟，第一裁判员鸣哨终止准备活动，比赛队员立即停止准备活动回到队员席。裁判员再次丈量网高。所有比赛队员着正式比赛服装在队员席就座。

（6）赛前2分钟，宣布比赛开始。在两名裁判员的带领下（位于球网两侧），每队全体球员入场，列横队站在场地中央，面向记录台。双方上场队员在记录台前站立，在第一、第二裁判员带领下横队走至场地中央，面对记录台。

广播员宣布比赛名称与双方队名，介绍裁判员；裁判员介绍完毕后，第一裁判员鸣哨，双方队员在球网两侧握手致意；裁判员就位；双方队员站位，第二裁判员核对位置表。核对完毕并看到记录员也核对位置完毕后，把比赛球交给发球员。

比赛开始。第一裁判员看到一切准备就绪后，鸣哨发球。

（二）比赛中局间休息及比赛结束后的工作

1. 一、二局间休息

（1）当记录的时间到达1分30秒时，记录员按响蜂鸣器（基层比赛机动）。

（2）当记录的时间到达1分30秒时，比赛队在第二裁判员的示意下，按位置表的顺序站到场上位置。

（3）第二裁判员核对场上位置。

（4）由第二裁判员把球交给发球队员。2分钟时，第一裁判员鸣哨开始比赛。

2. 二、三局间休息

（1）第二局比赛结束时，两队比赛队员站在本场区端线处，第一裁判员鸣哨后，队员直接回到球队席。

（2）决胜局休息时，裁判员召集双方队长到记录台边选边。

（3）当记录的时间到达2分30秒时，记录员按响蜂鸣器（鸣哨示意）。

（4）当记录的时间到达2分30秒时，比赛队在第二裁判员的示意下，按位置表的顺序站好场上位置。

（5）第二裁判员核对场上位置，然后把球交给发球队员。3分钟时，第一裁判员鸣哨开始比赛。

3. 比赛结束后的工作

（1）比赛结束时，每队场上比赛队员回到各自端线处，第一裁判员示意后，队员到网前相互致意，并离开比赛区，回到本队球队席位置。

（2）两名裁判员站在第一裁判员所在一边的边线处，待队员相互致意后，退场到记录台处进行工作总结。

（3）比赛后的小结。

图书在版编目（CIP）数据

气排球运动指南 / 徐延龙，邢大伟，刘贵波主编；戴霓等副主编 . -- 北京：社会科学文献出版社，2024.3
（吉林大学哲学社会科学普及读物）
ISBN 978-7-5228-2342-3

Ⅰ.①气… Ⅱ.①徐… ②邢… ③刘… ④戴… Ⅲ.①排球运动－教材 Ⅳ.① G842

中国国家版本馆 CIP 数据核字（2023）第 153142 号

吉林大学哲学社会科学普及读物
气排球运动指南

| 主　　编 / 徐延龙　邢大伟　刘贵波
| 副 主 编 / 戴　霓　李　斌　关朝晖　尹　君

| 出 版 人 / 冀祥德
| 组稿编辑 / 恽　薇
| 责任编辑 / 陈凤玲
| 责任印制 / 王京美

| 出　　版 / 社会科学文献出版社
|　　　　　　地址：北京市北三环中路甲 29 号院华龙大厦　邮编：100029
|　　　　　　网址：www.ssap.com.cn
| 发　　行 / 社会科学文献出版社（010）59367028
| 印　　装 / 三河市尚艺印装有限公司

| 规　　格 / 开　本：889mm×1194mm　1/32
|　　　　　　印　张：7.125　字　数：124 千字
| 版　　次 / 2024 年 3 月第 1 版　2024 年 3 月第 1 次印刷
| 书　　号 / ISBN 978-7-5228-2342-3
| 定　　价 / 89.00 元

读者服务电话：4008918866

版权所有 翻印必究